차세대 리더를 위한

ESG 마인드셋과 실천

한광식, 강수진, 김소진, 서명지

이프레스

머/리/말

ESG는 Environmental, Social, Governance의 첫 글자를 딴 약자로 기존의 지속가능 경영이나 기업의 사회적 책임이 확장된 개념으로 볼 수 있습니다.

ESG는 과거 기업에서 재무적 성과만을 판단하던 기준에서 벗어나 이제는 환경문제와 사회문제까지도 관심을 가지고 지속가능성을 제고해야 한다는 경영철학을 담고 있습니다. 이미 유럽연합이나 미국 등 선진국에서는 기업의 비(非)재무적 성과를 판단하는 기준으로 자리를 잡아가고 있습니다. ESG는 정치, 사회, 경제 모든 분야에서 들을 수 있는 단어지만 정작 어디서부터 어떻게 시작할 지는 막막하다는 지적도 있습니다.

우리가 실천해야 할 ESG 내용을 보면, 우선 Environmental(환경) 측면에서는 기후변화, 탄소중립, 환경오염 완화를 위한 자원과 폐기물 관리 그리고 에너지 효율화가 중요한 이슈로 부각되고 있습니다. 대학 차원의 환경 측면에서는 △캠퍼스 내 나무심기 △생활 속 일회용품 줄이기 △업사이클링(Upcycling) △쓰담 달리기 운동 등을 쉽게 실천할 수 있습니다.

Social(사회) 측면에서는 데이터 보호, 인권보장과 성별 그리고 다양성의 고려, 지역사회와의 협력관계 구축에 힘써야 합니다. 사회와 얼마나 적절한 관계를 구축하고 있는지가 핵심 사안입니다. 이제는 소비자와 투자자가 사회에 유익을 주는 기업에 관심을 보이기 시작했습니다. 대학 차원의 사회 측면에서는 △교육봉사 △대학생 농촌일손 돕기 △대학생 동아리 재능기부 △대학생 사랑의 헌혈캠페인 전개 △대학생·대학 교직원 등을 위한 인권센터 운영 등을 실천할 수 있습니다.

Governance(지배구조) 측면에서는 투명하고 신뢰도 높은 이사회 구성과 활동, 투명성이 높은 감사제도 운영을 들 수 있습니다. 최대한 부패를 방지하고, 기업윤리를 준수함으로써 높은 지배구조 가치를 확보하기 위한 것입니다. 대학 차원의 지배구조 측면에서는 △청렴한 대학문화 조성 △성희롱·성폭력에 대한 인식개선 및 예방교육 △구성원 소통 네트워크 강화 △교직원 공개채용 및 처우개선 등을 실천할 수 있습니다.

이와 관련하여, 이번 교재는 ESG에 대한 마인드셋을 제공하고, 실천에 도움을 주기 위해 집필한 것입니다. 제1부 ESG 이해하기, 제2부 ESG로 보는 사회의 눈, 제3부 ESG와 경제, 제4부 생활 속 ESG 실천을 다루고 있습니다.

이제 ESG는 선택이 아니라 필수가 되었습니다. ESG에 대한 관심과 기본 개념은 반드시 알아야 합니다. 이 교재를 통해 ESG에 대한 이해뿐 아니라 실제로 어떻게 적용할 수 있는지에 대한 방법을 배울 수 있기를 기대합니다.

끝으로, 이 책이 출간될 때까지 마음을 다하여 주신 모든 분들께 깊은 감사를 드립니다.

2025년 12월 31일

저자 일동

차/례

제1부

ESG 이해하기

1. ESG 정의

오늘날 전 세계 기업들은 단순히 제품을 잘 만들고 많이 파는 것을 넘어서, 사회적 책임을 어떻게 수행하고 있는가에 주목받고 있다. 특히 기업이 환경을 어떻게 보호하고, 사회에 어떤 영향을 주며, 스스로를 얼마나 정직하게 운영하는지를 종합적으로 평가하는 기준으로 ESG가 등장하게 되었다. 이 개념은 이제 기업의 경영 철학이자 생존 전략으로 자리 잡고 있으며, 그 중요성은 날로 커지고 있다.

ESG는 환경(E, Environmental), 사회(S, Social), 지배구조(G, Governance) 세 가지 단어의 머리글자를 조합한 용어로 기업이 사회 전체와 지구 환경에 어떤 영향을 미치는지를 판단하는 기준이 된다. 다시 말해, ESG는 기업이 단순히 이익을 추구하는 것을 넘어 "어떻게 좋은 영향을 줄 수 있을까?", "지속가능한 방식으로 사회와 환경을 배려하고 있는가?"를 고민하게 하는 새로운 시각이다.

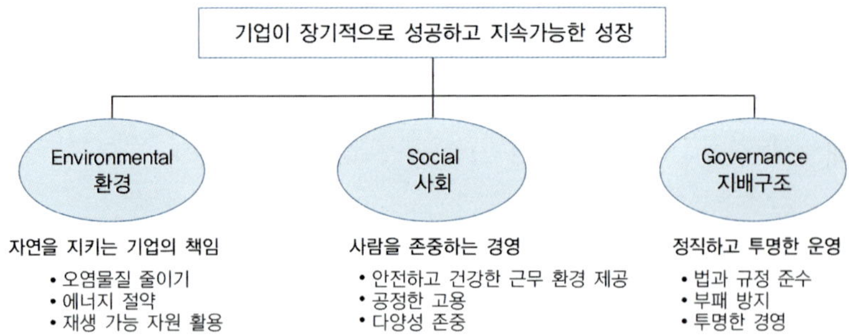

[그림 1-1] **ESG의 구성요소와 개념**

▪ 환경(Environmental) : 자연을 지키는 기업의 책임

환경 항목은 기업이 지구 환경을 보호하기 위해 어떤 노력을 기울이고 있는지를 살펴본다. 예를 들면, 공장 가동 중에 나오는 오염물질을 줄이거나, 에너지를 절약하고, 재생 가능한 자원을 활용하는 것 등이 이에 해당한다. 또한, 공기와 물을 깨끗하게 유지하고, 쓰레기를 줄이며, 생물 다양성을 지키는 일들도 중요한 ESG 환경 요소이다.

기업이 환경을 고려한 경영을 한다는 것은 곧 탄소 배출을 줄이고, 에너지 효율을 높이며, 지속가능한 자원 순환 구조를 만드는 노력을 한다는 것을 의미한다. 이는 지구를 지키는 일이면서도 동시에 장기적으로 기업의 비용을 절약하는 전략이 되기도 한다.

▪ 사회(Social) : 사람을 존중하는 경영

사회 항목은 기업이 사람들과 공동체에 어떤 긍정적인 영향을 주고 있는지를 평가한다. 이는 단순한 기부나 봉사 활동만을 의미하지 않는다. 직원들에게 안전하고 건강한 근무 환경을 제공하는 것, 공정한 고용과 다양성 존중, 그리고 지역사회와의 상생 관계를 위한 활동이 모두 포함된다.

예를 들어, 기업이 장애인이나 고령자 채용에 앞장서거나, 직장 내 성평등 문화를 만들고, 협력업체와의 관계에서도 공정한 거래를 지키는 것 모두가 사회적 책임의 실천이다. 이러한 활동은 기업이 사회로부터 신뢰를 얻는 데 매우 중요한 역할을 한다.

지배구조(Governance) : 정직하고 투명한 운영

지배구조란 기업이 어떤 방식으로 의사결정을 내리고 운영되는지를 말한다. 이는 곧 기업 내부에서 정직하게 일하고 있는지, 법과 규정을 제대로 지키고 있는지, 부패를 방지하기 위한 장치가 마련되어 있는지를 따지는 기준이다.

기업이 이사회[1)]나 감사위원회[2)]를 통해 투명한 경영을 실현하고 있는지, 기업의 최고 책임자가 독단적으로 움직이지 않고 주주의 권리와 사회적 책임을 함께 고려하고 있는지도 중요한 평가 요소이다. 쉽게 말해, 공정하고 윤리적인 방식으로 기업을 운영하는 것, 그것이 지배구조의 핵심이다.

ESG는 단순한 '착한 일'이 아니다. 많은 사람들이 ESG를 '착한 기업이 하는 일' 정도로만 생각할 수 있다. 물론 ESG는 사람과 환경을 위한 일이다. 그러나 그것이 전부는 아니다.

ESG는 기업이 장기적으로 성공하고 지속가능한 성장을 이루기 위한 핵심 전략이다. ESG 활동은 재무제표에 바로 드러나지 않을 수 있지만, 기업의 이미지와 평판을 높이고, 신뢰를 얻으며, 고객과 투자자들을 끌어들이는 데 중요한 역할을 한다. 예를 들어, 환

---

1) 이사회는 학교에서 학생회가 학생들의 의견을 대표하고 학교 행사나 중요한 결정에 참여하는 것처럼, 기업에서 회사를 대표해서 중요한 결정을 하는 그룹이다. 이사회는 회사가 어떤 방향으로 가야 할지, 어떤 큰 결정을 해야 할지를 결정하고, 회사가 잘 운영되고 있는지를 감독한다.

2) 학교에서 학생회의 활동이나 학교의 다른 동아리 활동이 규칙에 맞게, 예산을 제대로 사용하고 있는지를 확인하는 것처럼, 회사의 감사위원회는 회사의 돈이 제대로 쓰이고 있는지, 회사의 규칙과 법을 잘 지키고 있는지를 확인하며 회사가 올바른 방향으로 가고 있는지, 잘못된 점이 없는지를 검사하는 역할을 한다.

경을 위해 에너지를 절약하는 기업은 장기적으로 비용을 절감할 수 있으며, 사회적 책임을 다하는 기업은 소비자들로부터 신뢰를 얻고, 투명한 경영을 실천하는 기업은 투자자로부터 긍정적인 평가를 받게 된다. 이처럼 ESG는 단지 좋은 일을 넘어서 기업이 '더 나은 미래'를 만들어 가는 방법이다.

ESG는 다음 세 가지 가치에 초점을 맞춘다.

■ 지속가능성(Sustainability)

지속가능성은 기업이 오랫동안 안정적으로 성장하고 사회와 환경에 긍정적인 영향을 미치며 살아남을 수 있는 역량으로 기후변화나 자원 고갈 같은 문제를 고려하지 않는다면 기업은 언젠가 위기에 처하게 된다. 그래서 ESG는 단기적인 이익보다는 미래를 위한 준비를 강조하고 있다.

■ 기업가치(Corporate Value)

ESG를 잘 실천하는 기업은 사람들에게 좋은 인상을 주고, 평판이 높아지며, 자연스럽게 브랜드 가치와 주가가 상승한다. 실제로 많은 글로벌 투자자들은 ESG를 중요한 투자 판단 기준으로 보고 있으며, ESG 점수가 높은 기업에 더 많은 자금을 투자하는 추세이다.

■ 비재무적 성과지표(Non-Financial Indicators)

기업 성과는 단순히 숫자로만 평가할 수 없다. 예를 들어, "이

기업은 탄소를 얼마나 줄였는가?", "직원들은 얼마나 만족하고 있는가?", "지역사회에 얼마나 기여하고 있는가?"와 같은 내용은 재무제표에 보이지 않지만 기업의 신뢰성과 지속가능성에 매우 중요한 요소이다. 이처럼 ESG는 돈으로는 바로 보이지 않는 기업의 내면적인 성과를 평가한다.

ESG는 기업의 미래이자, 우리의 삶과 연결된 가치이다.

과거에는 기업의 가치를 판단할 때, 수익성, 자산[3], 부채[4]와 같은 정량적 지표가 주로 사용되었지만, 지금은 전 세계적인 기후위기, 감염병 팬데믹, 사회적 불평등 등 다양한 위기들이 등장하며 비재무적 가치, 즉 ESG가 더욱 중요한 평가 기준이 되고 있다.

이러한 변화는 단순히 기업만의 문제가 아니다. 우리가 소비자로서 어떤 제품을 고를지, 어떤 기업을 응원할지 결정할 때도 ESG는 중요한 판단 기준이 된다.

학생으로서 미래에 어떤 회사에서 일하고 싶은지를 생각할 때에도, ESG가 잘 실천되는 회사를 선택하고 싶은 마음이 들 수 있다.

이제 기업에게 ESG는 선택이 아닌 필수 조건이 되었다. 환경을 해치고, 사회적 책임을 외면하며, 불투명하게 운영되는 기업은 더 이상 살아남을 수 없다. 반대로, ESG를 성실하게 실천하는 기업은 사회와 함께 성장하며, 더 많은 기회를 갖게 된다.

---

3) 자산은 기업이 소유하고 있는 모든 가치 있는 것들로 현금, 부동산, 기계, 물품 등 기업이 운영을 위해 보유하고 있는 모든 것이다.

4) 부채는 기업이 다른 사람이나 기업에게 지불해야 하는 돈이나 서비스로 빌린 돈이나 앞으로 지불해야 할 비용이 부채에 해당한다.

2. ESG의 필요성과 이슈

2.1 투자자의 ESG 요구 증대

요즘 기업은 단순히 돈을 잘 버는 것만으로는 좋은 평가를 받기 어렵다. 많은 사람들은 이제 기업이 환경을 얼마나 잘 보호하고, 사람들에게 어떤 좋은 영향을 주며, 얼마나 정직하고 투명하게 운영되는지를 중요하게 생각한다. 이런 활동을 ESG 활동이라고 부른다. ESG는 기업뿐만 아니라 사회 전체와 연결된 주제이다. 예를 들어, 우리가 자주 가는 편의점, 우리가 입는 옷을 만드는 브랜드도 모두 ESG 활동을 실천해야 할 필요가 있다.

특히 기후변화, 전염병, 사회적 불평등 같은 문제가 커지면서, 투자자들도 "이 기업이 세상에 좋은 영향을 주는가?"를 판단 기준으로 삼기 시작했다. 기업에 돈을 투자하는 사람들, 물건을 사는 소비자, 기업을 평가하는 정부기관이나 금융사들도 모두 ESG를 실천하는 기업에 관심을 가지게 되었다.

이런 변화 속에서 등장한 것이 바로 스튜어드십 코드(Stewardship Code)이다. 스튜어드십 코드란, 대형 투자기관들이 자신들이 투자한 기업의 경영에 적극적으로 참여하고, 감시하는 활동을 말한다. 마치 학교에서 학생회가 학교의 중요한 일에 대해 의견을 내는 것처럼, 투자기관들이 기업의 방향과 결정에 영향력을 행사하는 것이다.

이러한 변화는 2008년 글로벌 금융위기 이후 본격화되었다. 위기를 겪으며 사람들은 "기업을 감시하고 조언하는 기관투자자의 역할이 너무 중요하다"고 느꼈다. 이에 따라 영국은 2010년에 세계 최초로 스튜어드십 코드를 도입했고, 우리나라는 2016년에 이 제도를 도입해 2018년부터 본격 적용하고 있다. 지금은 보험사나 자산운용사들도 이 규칙을 따라 기업에 책임을 묻고, 바른 방향으로 나아가도록 돕고 있다.

ESG를 실천하지 않으면 반대표가 날아온다. 세계 최대 자산운용사 중 하나인 블랙록(BlackRock)은 자신들이 투자한 기업의 ESG 활동을 꼼꼼히 확인한다. 환경을 파괴하거나, 노동자를 부당하게 대우하거나, 경영을 투명하게 하지 않는다면, 블랙록은 경고 메시지를 보낼 뿐만 아니라, 기업의 주요 의사결정에 반대표를 던질 수 있다.

예를 들어, 엑슨모빌(ExxonMobil)이라는 석유회사의 이사회 선임 투표에서 블랙록은 환경 문제에 대한 대책이 부족하다는 이유로 반대표를 던졌다. 또한 회사의 대표이사(CEO)와 이사회 의장을 같은 사람이 맡는 것은 문제가 있다고 판단해, 두 역할을 분리하자는 주장을 지지했다.

블랙록은 엑슨모빌뿐만 아니라 볼보(Volvo) 등 ESG 실천이 부족한 35개 기업에 대해서도 이 같은 투표권을 행사하며, 기업이 더 나은 방향으로 가도록 압박하고 있다.

이처럼 투자자들은 자신들의 돈이 어디에 쓰이는지에 매우 민감해한다. 단순히 수익이 높은 기업보다, 사회와 환경에 해를 끼치지 않는 기업, 더 나아가 좋은 영향을 주는 기업에 투자하고 싶어 한다. 그래서 일부 투자자들은 네거티브 스크리닝(Negative

Screening)이라는 방법을 사용한다. 이는 '특정 분야에는 투자하지 않겠다'는 기준을 정해놓고 그에 해당하는 기업을 투자 대상에서 제외하는 방식이다.

아래 [그림 1-2]는 실제 글로벌 투자기관들이 ESG 기준에 따라 투자를 배제한 사례이다.

apg	• 에어버스 필립모리스 등 159개 기업 무기 제조 및 담배 판매 등의 이유로 투자 배제
NORGES BANK INVESTMENT MANAGEMENT	• 듀크에너지, 콜이디아(Coal India) 환경 파괴 때문에 투자 배제
Vanguard	• 차이나 모바일, 차이나 유니콤, 차이나 텔레콤 중국 군수 관련 기업 투자로 주식 매도

[그림 1-2] **투자자의 투자 배제 사례**

예를 들어, 네덜란드 연기금(APG)은 에어버스나 필립모리스 같은 159개 회사에 투자하지 않기로 결정했다. 왜냐하면 그 회사들이 무기를 만들거나 담배를 팔아서 돈을 버는데 이것은 ESG 기준에 맞지 않다고 판단했기 때문이다. 노르웨이 연기금(NBIM)도 비슷한 결정을 했는데 환경을 해치는 일을 하는 듀크에너지나 콜인디아(Coal India)라는 회사에는 투자하지 않기로 결정했다. 뱅가드(Vanguard)는 중국의 군수 관련 회사에 투자한 돈을 뺐다. 뱅가드는 차이나 모바일, 차이나 유니콤, 차이나 텔레콤이 군사와 관련된 일을 하고 있기 때문에 투자를 하는 것이 좋지 않다고 판단하여 주식을 매도했다.

투자자뿐 아니라 유럽에 있는 은행들은 회사에 돈을 빌려줄 때 ESG를 중요하게 고려하여 회사가 새로운 대출을 받거나 기존의 대출을 갱신할 때, ESG 실행정도를 확인하고 이자율을 결정한다. 환경을 잘 보호하고, 사람들을 잘 대하며, 회사 운영을 투명하게 하는 회사는 더 낮은 이자로 돈을 빌릴 수 있게 되었다.

이렇게 대출조건과 투자여부를 정하는 것은 회사가 사업을 운영하는 방법에 큰 영향을 미친다. ESG를 잘 지키는 회사는 많은 사람들로부터 좋은 조건의 대출과 투자를 받을 수 있어서, 앞으로도 잘 성장할 수 있게 된다. 그래서 회사들은 ESG를 중요하게 생각하고 있다.

이처럼 세계적인 투자기관들도 기업이 ESG를 잘 지키는지를 매우 중요하게 보고 있다. 단순히 돈을 벌 수 있다고 해서 아무 기업에나 투자하지 않고, 사회적 책임을 다하지 않는 기업은 투자대상에서 제외하는 것이다.

2.2 고객의 ESG 요구 증대

이제는 고객도 그냥 제품을 사지 않고 그 제품이 어떻게 만들어졌는지, 누가 만들었는지, 지구를 해치지 않았는지까지 살펴보고 있다.

소비자들은 단순히 '좋은 제품'을 넘어서, 그 제품이 환경을 얼마나 고려했는지, 사람들을 존중했는지, 기업이 정직하게 운영되었는지까지 꼼꼼히 따진다. 기업이 ESG 원칙을 지키는지에 따라

고객의 선택이 달라진다.

현대 사회에서 단 하나의 기업이 처음부터 끝까지 모든 것을 창조해 내는 것은 불가능에 가깝다. 우리가 손에 쥐고 있는 스마트폰, 출퇴근길에 마시는 커피 한 잔, 심지어는 이 책을 인쇄하는 데 사용된 종이 한 장에 이르기까지, 이 모든 것 뒤에는 보이지 않는 수많은 연결고리가 존재한다.

어떤 기업이든, 자신의 제품이나 서비스를 완성하기 위해서는 외부의 도움이 절실하다. 특정 부품을 생산하는 공장으로부터 원자재를 공급받아야 하고, 때로는 전문화된 서비스를 제공하는 협력사의 도움을 받아야 한다. 마치 혈관처럼 이어진 이 복잡하고도 유기적인 관계망 속에서, 각각의 기업은 저마다의 역할을 수행하며 최종 소비자를 향해 나아간다.

원자재의 채취에서부터 최종 제품의 생산, 그리고 소비자에게 전달되기까지의 모든 과정에 참여하는 기업들의 집합체를 우리는 공급망(Supply Chain)이라고 부른다. 이들은 단순히 부품을 주고받는 관계를 넘어, 정보와 자본, 그리고 때로는 기술까지 공유하며 하나의 거대한 생명체처럼 움직인다. 이 공급망 안에 ESG 원칙을 지키지 않는 기업이 있다면, 고객은 그런 제품을 사지 않으려 하고, 대기업도 그 협력사와 거래를 끊을 수 있다.

예를 들면 글로벌 기업인 애플(Apple)은 우리가 잘 아는 아이폰(iPhone), 아이패드(iPad), 맥북(MacBook) 등을 만드는 세계적인 IT 기업이다. 애플은 단지 혁신적인 기술로만 주목받는 것이 아니라, 지속가능성과 환경을 위한 노력에서도 글로벌 선두를 달리고 있다.

그 대표적인 예가 바로 탄소중립(Carbon Neutral) 선언이다. 애플(Apple)은 2030년까지 자사의 모든 사업, 공급망, 그리고 제품 사용까지 포함한 전 과정에서 탄소배출을 '0'으로 만들겠다고 공표했다. 즉, 제품을 만들고, 배송하고, 사용하고, 재활용하는 모든 과정에서 온실가스가 나오지 않거나, 나오는 만큼 다시 흡수하도록 조치하겠다는 것이다.

제품 하나를 만들기 위해서는 수백 개의 부품이 필요하고, 이 부품은 세계 곳곳의 협력사(공급망)에서 공급된다. 애플(Apple)은 이런 공급망도 단순한 '부품 제공자'로 보지 않고, 환경과 인권을 함께 실천해야 하는 파트너로 인식하고 2030년까지 모든 협력사가 재생에너지를 100% 사용하도록 요구하고 있다. 이는 단순한 권고가 아니라, 계약의 조건으로 작용하기도 하며, 공급망 전반에 걸쳐 엄격한 ESG 기준을 적용하고 있다.

애플은 공급망과 제품 설계를 혁신해, 2023년 세계 최초의 탄소중립 웨어러블 기기인 애플워치(Apple Watch)를 선보였다. 이 제품은 탄소배출을 최소화하기 위해서 가죽 사용을 중단했다. 가죽 생산은 탄소배출과 동물복지 문제를 수반하기 때문에, 가죽 대신 재생 소재를 활용한 밴드 사용했다. 또한 포장지와 상자를 플라스틱이 아닌 재활용지로 대체하고 항공 대신 해상운송 비율을 높여 탄소배출을 줄였다. 또한, 고객들이 제품을 사용한 후 재활용에 참여할 수 있도록 리사이클링 프로그램을 강화하고 있다.

애플은 협력사가 따라야 할 ESG 기준을 Apple 공급망 행동 수칙(Supplier Code of Conduct)으로 만들고, 모든 협력사에 적용하고 있다.

이 행동수칙에는 다음 내용이 포함되어 있다.

참고 **애플의 ESG 행동규범**

- 노동시간, 휴식시간, 임등 등 노동자의 권리보장
- 안전한 작업환경 유지
- 환경보호와 폐기물 처리 기준
- 청렴한 기업 윤리(뇌물 금지 등)

애플(Apple)은 정기적으로 협력사를 평가하며, 기준을 위반할 경우 시정 요구 또는 거래 종료 등 강력한 조치를 취하고 있다.

테슬라(Tesla)는 분쟁광물 코발트(Cobalt) 문제를 해결하기 위해 노력하고 있다. 우리가 흔히 쓰는 스마트폰, 노트북, 그리고 미래의 이동 수단이라 불리는 전기차에는 배터리가 꼭 필요하다. 이 배터리 안에는 '코발트(Cobalt)'라는 광물이 들어가는데, 이는 배터리의 수명을 늘려주고 성능을 높이는 중요한 역할을 하는 핵심 원재료이다.

그런데 이 코발트의 절반 이상이 아프리카 국가인 콩고민주공화국(DRC)에서 채굴되는데 코발트(Cobalt)를 채굴하는 현장에서 많은 문제가 발생하고 있다. 많은 광산들이 안전장비도 없이 비공식적으로 운영되며, 어린아이들까지도 고된 노동에 시달리고 있다. 흙먼지가 가득한 채굴장에서는 산소 부족과 사고 위험이 높고, 노동자들은 기본적인 안전장치 없이 맨손으로 코발트(Cobalt)

를 캐고 있다.

이러한 아동 노동과 인권 침해 문제는 전 세계적인 공분을 샀고, 관련 기업들, 예를 들어 애플, 구글, 테슬라, 델, 마이크로소프트 등은 비난의 대상이 되었다.

일부는 소송에 휘말리기도 했고, 소비자들 역시 "당신들의 제품은 누구의 희생 위에 만들어졌는가?"라는 질문을 던졌다. 이때 테슬라는 단순히 사과하거나 해명에 그치지 않고 오히려 전략을 완전히 바꾸는 선택을 했다.

"앞으로 우리는 코발트를 사용하지 않겠다." 이것이 바로 테슬라의 코발트 프리(Cobalt-Free) 선언이다. 테슬라는 코발트(Cobalt) 없이도 높은 성능을 낼 수 있는 니켈(Nickel) 기반의 새로운 배터리를 개발하고 있다. 니켈은 코발트보다 더 쉽게 구할 수 있고, 인권이나 환경 문제의 우려도 적기 때문이다.

이를 통해 테슬라는 환경 보호, 인권 존중, 원재료 가격 안정이라는 세 마리 토끼를 동시에 잡으려 하고 있다. 이러한 테슬라의 결정은 ESG 관점에서 매우 중요한 사례이다.

문제를 외면하지 않고, 지속가능한 기술개발을 통해 해결하려 한 것으로 기업의 ESG는 그저 '좋은 말'이 아니라, 실제 제품과 경영 전략에 직접 반영되어야 한다는 것을 보여주는 대표적인 예시이다.

이제는 고객도, 글로벌 기업도, 협력사가 ESG를 얼마나 잘 지키는지를 꼼꼼히 확인한다. 한 기업이 잘한다고 끝나는 것이 아니라, 그 기업과 연결된 공급망 전체가 ESG 기준을 만족해야 신뢰를 얻을 수 있다.

2.3 신용평가에도 등장한 ESG

우리가 학교에서 시험을 보면 선생님이 성적을 매기듯, 기업도 '신용평가기관(Credit Rating Agency)[5]'이라는 곳으로부터 등급을 받는다. 이 등급은 기업이 얼마나 돈을 잘 갚을 수 있는지, 혹시 위험하지는 않은지를 보여주는 평가이다.

예를 들어, 어떤 기업이 은행에서 큰돈을 빌리고 싶어 한다고 가정해보자. 이때 신용평가기관이 "이 기업은 믿을 만하다"고 높은 등급을 주면, 낮은 이자로 쉽게 돈을 빌릴 수 있다. 반면, "위험하다"고 판단해 낮은 등급을 주면, 돈을 빌리기 어렵거나 더 많은 이자를 내야 한다.

이런 평가를 하는 대표적인 글로벌 기관이 무디스(Moody's), 피치(Fitch Ratings), 스탠더드앤푸어스(S&P)가 있다. 우리나라에는 한국신용평가, 나이스신용평가 등이 이에 해당합니다.

5) 신용평가기관은 학교에서 학생들에게 성적을 주는 선생님처럼 기업들이 돈을 빌릴 때 얼마나 믿을 수 있는지 평가해 주는 곳으로 기업이 돈을 잘 갚을 수 있을지, 경제 상황이 나빠져도 문제가 없을지를 살펴보고 그 결과를 '등급'으로 표시해 주는 곳이다. 좋은 등급을 받은 기업은 더 쉽게 더 좋은 조건으로 돈을 빌릴 수 있고 낮은 등급을 받으면 돈을 빌릴 때 더 높은 이자를 내거나 돈을 빌리기 어렵게 된다.

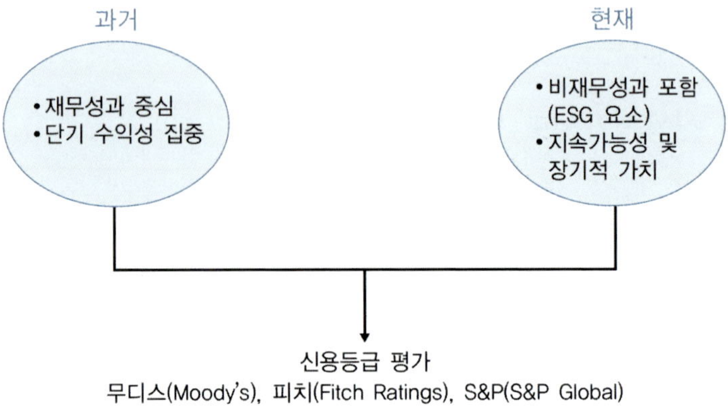

[그림 1-3] **기업 평가기준의 과거와 현재**

예전에는 기업의 돈 버는 능력, 부채 비율, 성장 가능성 등만을 가지고 평가했다면, 최근에는 ESG 활동도 중요한 평가 기준이 되고 있다. 이제 신용평가기관은 다음과 같은 질문을 던진다.

- 이 기업은 환경을 얼마나 잘 보호하고 있나?
- 직원과 고객, 지역사회를 공정하게 대하고 있나?
- 경영진은 윤리적이고 투명하게 기업을 운영하고 있나?

이 질문에 대한 답이 부정적이면, 아무리 재무 상태가 좋아도 등급이 낮아질 수 있다. 이렇게, ESG는 기업의 '성적표'에 큰 영향을 주는 시대가 되었다.

대표적인 사례로 미국의 듀크 에너지(Duke Energy)가 있다. 듀크 에너지는 석탄 발전소에서 석탄재(Coal Ash)를 과도하게 배출해 환경 문제를 일으켰고, 이로 인해 S&P 신용등급이 A-Stable에서 A-Negative로 하향 조정되었다.

이것은 마치 학교에서 꾸준히 좋은 성적을 받던 학생이, 친구를 괴롭힌 사실이 알려져 생활태도 점수로 인해 전체 성적이 깎인 것과 비슷한 일이다. 즉, ESG는 더 이상 '참고 사항'이 아닌, 기업의 미래를 평가하는 핵심 지표가 된 것이다.

우리나라에서도 신용평가기관이 ESG 요소를 기업 평가에 본격적으로 반영하기 시작했다. 대표적인 사례로는 한국신용평가(KIS)가 한국중부발전이 발행한 '지속가능채권(Sustainability Bond)[6]'에 대해 ESG 인증평가 프로젝트를 수행한 일이 있다.

이 프로젝트에서는 다음과 같은 질문을 중심으로 채권을 평가했다.

- 이 채권이 실제로 기후변화 대응에 기여하고 있는가?
- 기업의 지속가능한 경영 전략이 투자자로부터 신뢰를 받을 수 있는가?

이처럼 ESG는 이제 단순한 이미지나 마케팅 요소를 넘어, 기업의 자금 조달 능력, 투자 신뢰도, 경영의 안정성에도 직접적인 영향을 주고 있다.

---

6) 지속가능채권은 환경을 위한 활동(그린)과 사회를 위한 활동(소셜)을 동시에 지원하기 위한 채권으로 환경보호 활동과 사회적 가치 실현 활동 분야에 사용된다.
- 환경 보호 활동은 태양광 발전소 설치, 플라스틱 쓰레기 줄이기, 공기 정화 프로젝트 등
- 사회적 가치 실현 활동은 저소득층 주거 개선, 청년 취업 지원, 지역 사회 의료 시스템 개선 등

신용평가에 있어서도 ESG가 하나의 중요한 기준으로 자리 잡고 있는 것이다.

2.4 ESG 활동을 요구하는 정부

ESG는 단순한 유행이 아니라, 지구와 사회를 함께 생각하며 살아가는 중요한 약속이기 때문에 기업만 ESG를 신경 쓰는 것이 아니라, 전 세계의 정부들도 기업들에게 ESG 경영을 요구하고 있다.

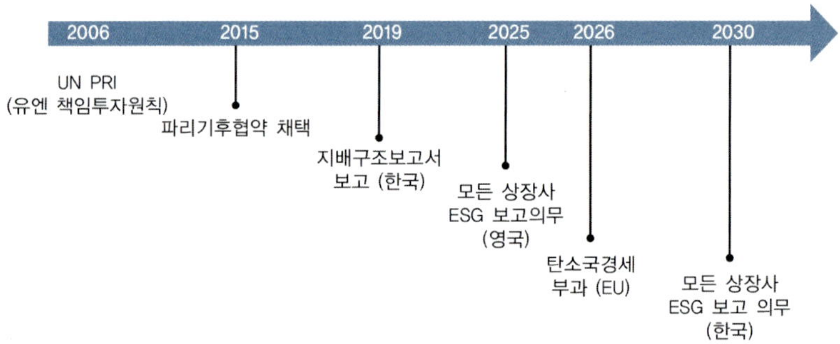

[그림 1-4] ESG 정책변화 흐름

먼저, 2006년 유엔에서는 '책임 있는 투자 원칙(UN PRI)'이라는 약속을 발표했다. 이 원칙은 투자자들이 기업에 돈을 투자할 때, 단순히 돈을 얼마나 벌 수 있는지만 보는 것이 아니라, 환경을 얼마나 보호하는지, 사람들을 어떻게 대우하는지, 기업을 정직하게 운영하는지도 고려하자는 취지에서 만들어졌다. 이것이 ESG를 향한 세계적인 변화의 시작이다.

이후 유럽에서는 국민들이 은퇴 후 사용할 연금을 운영하는 기관(연기금)을 시작으로, 은행, 보험회사, 자산운용사 같은 돈을 많이 다루는 기관들이 앞장서서 ESG 정보 공개를 요구하고 있다. 즉, 기업들이 환경 보호나 인권 보호를 잘하고 있는지를 공개하라는 것이다. 예를 들어 영국은 2025년까지 증시에 상장된 모든 기업이 ESG를 어떻게 실천하고 있는지 모두에게 공개해야 한다는 정책을 세웠고 이는 투자자나 소비자 모두가 기업의 지속가능성을 판단할 수 있도록 돕는 중요한 기준이다.

우리나라도 이런 흐름에 발맞춰 2019년부터는 한국 증권거래소에 상장된 대기업들이 ESG의 'G', 즉 지배구조에 대한 내용을 의무적으로 보고하고 있다. 그리고 2021년에는 지배구조뿐 아니라 '환경(E)'과 '사회(S)' 부문에 대해서도 점차 확대해서 공개할 계획을 발표했다.

앞으로는 대기업뿐만 아니라 모든 상장기업들이 ESG 정보를 꾸준히 공개하는 것이 목표로 정부가 이렇게 ESG를 요구하는 이유는, 기업이 지속가능한 사회를 만드는 데 더 책임감을 갖고 행동하도록 하기 위함이다.

지구는 점점 더워지고 있다. 이 문제를 해결하기 위해 전 세계 나라들이 함께 모여 2015년 '파리기후변화협약(파리협약)'이라는 중요한 약속을 했다. 지구가 너무 더워지면 폭염, 가뭄, 홍수 같은 자연재해가 더 자주 발생하고, 우리가 살아가는 환경도 위험해지기 때문에 이 협약에서 나라들은 지구의 온도가 산업화 이전보다 1.5℃ 이상 오르지 않도록 막자고 합의했다.

이 약속을 지키기 위해 2050년까지 전 세계 이산화탄소 배출량을 '0'으로 만들자는 목표도 함께 세웠고 우리는 이것을 '넷제로(Net Zero)'라고 부른다. 즉, 우리가 배출하는 온실가스를 줄이거나, 흡수해서 결과적으로는 이산화탄소가 더 이상 지구에 쌓이지 않도록 하는 것이다. 이러한 흐름 속에서 유럽연합(EU)은 아주 구체적인 정책을 내놓았는데, 바로 '탄소국경세' 제도이다. 탄소국경세는 탄소를 많이 배출해서 만든 제품은 유럽에 수출할 때 세금을 더 내야 한다는 제도로 어떤 나라가 석탄이나 기름을 잔뜩 써서 제품을 만든다면, 유럽연합은 "당신 나라는 우리보다 더 많은 탄소를 배출했으니, 그만큼의 세금을 내세요"라고 말하는 것이다.

이 제도는 2026년부터 본격 시행될 예정이다. 그리고 세계 최대의 탄소 배출국인 중국도 예외는 아니다. 중국 정부는 기업들에게 "당신들이 얼마나 탄소를 배출하는지 기록해서 보고하세요"라고 요구하고 있다. 만약 이걸 지키지 않으면 1만 위안에서 3만 위안의 벌금이 부과된다. 즉, 기업들이 함부로 탄소를 배출하지 못하도록 법으로 강하게 관리하고 있는 것이다.

미국도 마찬가지이다. 바이든 대통령은 탄소국경세 도입을 약속했고, 앞으로 세계무역의 흐름도 ESG와 탄소 배출량에 따라 바뀔 가능성이 커지고 있다.

이처럼 전 세계 정부들이 하나둘씩 ESG를 '선택'이 아닌 '필수'로 받아들이고 있어 기업이 이런 흐름을 무시한다면, 제품을 해외에 팔지도 못하고, 벌금까지 내야 하는 상황이 올 수 있다.

3. ESG의 시작

지금 많은 기업은 "우리는 ESG를 실천하고 있어요!"라고 말하고 있다. 마치 ESG는 아주 새로운 개념처럼 들리기도 하지만 사실 ESG는 갑자기 생긴 유행어가 아니라, 오랫동안 쌓이고 자라난 생각의 결과물이다.

ESG가 지금처럼 중요해지기까지는 수십 년 동안 지구와 인류의 미래를 지키기 위한 고민과 노력이 있었고, 그 중심에는 바로 '지속가능한 발전'이라는 개념이 자리하고 있다.

1987년, 유엔 산하의 세계환경개발위원회(WCED)는 '우리 공동의 미래(Our Common Future)'라는 보고서를 발표했다. 이 보고서는 "미래 세대의 삶을 해치지 않으면서 지금 세대의 필요를 충족하는 발전"이 필요하다고 주장했다. 이 개념은 '지속가능한 발전(Sustainable Development)'이라는 말을 처음으로 세상에 알린 중요한 계기가 되었다. 이 보고서는 세계가 지금과 같은 방식으로 살아가다간 지구가 병들고, 우리 후손이 살아갈 환경이 사라질 수 있다는 경고를 던졌다.

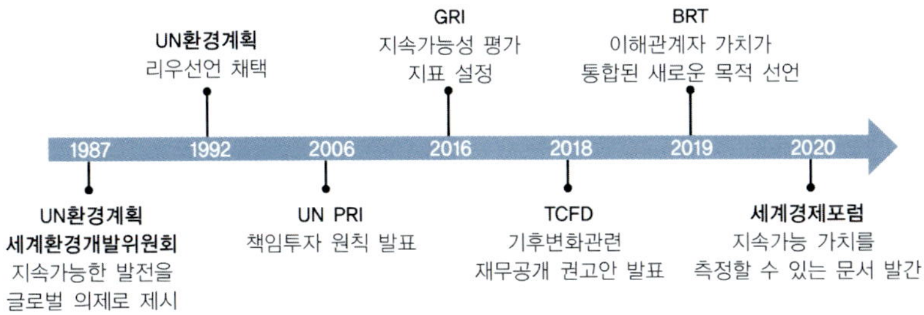

[그림 1-5] ESG 발전의 역사

그로부터 5년 뒤, 1992년 브라질 리우데자네이루에서는 리우환경회의가 열렸다. 이 회의에는 세계 여러 나라의 대표들이 모여 지구를 함께 지키자고 약속했고 이 약속을 '리우 선언'이라고 부른다. 특히 이 회의에서는 ESG의 핵심 중 하나인 '환경(Environmental)' 부분과 관련해 세 가지 큰 약속이 나왔다.

- **기후변화협약**: 지구 온도가 더 이상 올라가지 않도록 하자!
- **생물다양성협약**: 동물과 식물, 생태계를 함께 보호하자!
- **사막화방지협약**: 땅이 황폐해지지 않도록 지키자!

이 세 가지 협약은 오늘날 ESG의 'E(Environmental, 환경)'에 해당하는 기본적인 생각을 만들어냈고, 각 나라의 정부뿐 아니라 기업들까지도 환경을 보호해야 할 책임을 인식하게 했다.

이처럼 ESG는 1980년대 후반부터 세계가 지속 가능성이라는 방향을 중심으로 고민해 오면서 천천히 발전해 온 개념이다. 처음엔 '환경을 보호하자'는 이야기로 시작했지만, 점점 더 많은 사람들이 '사람도 중요하고, 정직한 경영도 중요하다'는 걸 깨닫게 되었다.

2006년, 유엔에서는 '책임투자원칙(UN PRI, Principles for Responsible Investment)'이라는 약속을 만들었다. 이 원칙은 단순히 수익만 보고 투자하는 것이 아니라, 지구와 사회, 윤리를 생각하며 투자하자는 의미이다. 쉽게 말해, 좋은 일을 하는 데 돈이 쓰이도록 도와주는 기준이다. 예를 들어 내가 속한 대학 동아리에서 활동비를 투자해 수익을 내려고 한다면, 아마도 환경을 오염시키지 않고, 사람을 공정하게 대우하고, 사회에 좋은 영향을 주는 회사를 선택하고 싶을 것이다. 이런 식의 판단을 돕는 것이 바로 UN PRI이다.

UN PRI는 다음의 원칙을 강조한다.

- 환경에 좋은 영향을 주는 기업에 투자하자
- 사람을 공정하게 대우하고, 다양성을 존중하는 기업을 선택하자
- 투명하고 책임 있는 방식으로 운영되는 기업을 응원하자

이 원칙을 따라 투자하면, 단순히 돈을 버는 것뿐만 아니라 지구와 사회에 긍정적인 영향까지 줄 수 있는 똑똑한 소비자이자 투자자가 될 수 있다.

국민연금은 우리의 노후를 위한 돈이지만 이 국민연금이 '지구와 사회에 더 좋은 영향을 주기 위한 약속'에 동참하고 있다. 지금 이 순간에도 한국의 국민연금을 포함해 수천 개의 글로벌 투자기관이 이 UN PRI에 가입해 활동 중이다. 이 말은 곧, 어마어마한 돈이 이 원칙에 따라 움직이고 있다는 뜻이다. 그만큼 기업 입장에서는 이 원칙을 잘 따르는 것이 점점 더 중요해졌다.

요즘은 기업이 단순히 물건을 잘 만들고 많이 파는 것만으로는 좋은 회사라고 불리지 않는다. 환경을 얼마나 보호하는지, 직원들을 얼마나 존중하는지, 사회에 어떤 기여를 하는지도 중요한 평가 기준이 되었기 때문이다. 그런데 이런 내용을 어떻게 객관적으

로 보여줄 수 있을까에 대한 고민이 시작되면서 GRI(Global Reporting Initiative)가 등장하게 되었다.

GRI는 기업들이 '우리는 이런 식으로 환경을 보호하고, 사회적 책임을 다하고 있어요'라고 누구나 쉽게 이해할 수 있도록 보고서 형식으로 알릴 수 있게 도와주는 기준과 지침을 만든 곳이다. GRI는 1997년에 만들어졌고, 2000년에 첫 번째 보고 지침이 나왔으며, 2016년에는 국제적으로 통일된 'GRI 기준(GRI Standards)'을 발표했다.

GRI 기준은 기업들이 다음과 같은 항목을 체계적으로 보고할 수 있게 해준다.

분야	예 시
환경(Environmental)	에너지 사용량, 물 사용량, 폐기물 처리, 탄소배출량(CO_2)
사회(Social)	직원의 권리 보장, 안전한 근무 환경, 지역사회와의 관계
지배구조(Governance)	투명한 의사결정, 공정한 경영, 반부패 활동

이렇게 GRI 기준에 따라 보고서를 작성하면 고객, 투자자, 지역 사회, 정부 등 모든 이해관계자가 "아, 이 회사는 정말로 책임감 있게 운영되고 있구나!" 하고 이해하게 된다. 특히 젊은 세대는 이런 ESG에 관심이 많기 때문에, 기업 입장에서도 GRI 보고서를 잘 만드는 것이 좋은 인재를 끌어들이고, 고객의 신뢰를 얻는 데 큰 도움이 되는 시대가 되었다.

GRI와 UN PRI는 모두 세상을 더 나은 방향으로 이끌기 위한 공통의 약속으로 GRI는 기업이 자신들의 행동을 투명하게 공개하게 하고, UN PRI는 그런 기업에 돈이 모이도록 하는 원칙이다. 좋은 기업이 더 성장할 수 있도록, 나쁜 기업은 변화하도록 세상의 흐름을 바꾸는 것이다.

여러분이 앞으로 일할 회사, 혹은 취업하고 싶은 회사도 GRI 기준에 따라 보고서를 쓰고, UN PRI 원칙에 따라 투자받을 수도 있다.

기후 변화는 더 이상 환경 전문가들만의 문제가 아니다. 오늘날 기업의 경영에도 큰 영향을 미치고 있다. 이런 변화 속에서, 기업들이 기후 변화로 인해 어떤 재무적인 영향을 받을 수 있는지 정확히 알리고 대비하도록 돕는 글로벌 기준이 TCFD(Task Force on Climate-related Financial Disclosures)이다.

TCFD는 2017년에 설립된 국제적인 기구로, 기후 변화가 기업의 돈벌이에 어떤 영향을 미치는지 알려주는 공개 지침을 만들어내는 역할을 한다. 이 기구는 금융안정위원회(Financial Stability Board)라는 국제기구에 의해 만들어졌는데, 이 위원회는 전 세계 금융 시장이 혼란 없이 잘 운영되는지 감시하는 기관이다. 기후 변화는 단순히 '날씨가 더워진다'는 문제가 아니다. 기업의 공장이 홍수 위험 지역에 있을 경우 생산 중단으로 손해를 볼 수 있고, 탄소를 많이 배출하는 기업은 앞으로 새로운 환경 규제로 인해 벌금을 내거나 사업을 줄여야 할 수도 있다. 이처럼 기후 변화는 기업의 수익성, 투자 가치, 운영 계획에 직접적인 영향을 줄 수 있기 때문에, 기업이 기후 리스크에 어떻게 대비하고 있는지 투명하게 알려주는 것이 중요하다.

TCFD는 바로 이런 내용을 기업이 잘 정리해서 발표할 수 있도록 4가지 기준을 제시하고 있다.

- **거버넌스(Governance)**: 기후 변화에 대한 대응이 경영진의 의사결정에 어떻게 반영되고 있는가?
- **전략(Strategy)**: 기후 변화가 기업의 미래 전략과 사업계획에 어떤 영향을 미치는가?
- **위험 관리(Risk Management)**: 기후 관련 위험을 기업은 어떻게 인식하고, 평가하고, 관리하는가?
- **지표와 목표(Metrics and Targets)**: 기업은 기후 리스크를 관리하기 위해 어떤 숫자(지표)와 목표를 설정하고 있는가?

TCFD의 정보 공개는 마치 야외 소풍을 준비할 때 일기예보를 확인하고 우산과 자외선 차단제를 준비하는 것과 비슷하다. 예상되는 날씨(기후 리스크)를 알고 대비하면 더 큰 피해를 막을 수 있듯이, 기업도 기후 변화로 인한 재무적 손해를 미리 파악하고 대응할 수 있어야 한다. 이런 정보를 공개하면, 투자자나 은행, 보험사는 이 기업이 믿을 만한지, 미래에 손실이 날 위험이 없는지 판단할 수 있다. 따라서 TCFD는 기업의 미래 가치를 평가할 수 있도록 돕는 중요한 역할을 하고 있다.

TCFD는 기업이 기후 변화로 인한 위험을 어떻게 준비하고 있는지 알려주는 공개 기준으로 전 세계적으로 많은 기업과 투자자들이 TCFD를 참고하여 기후에 강한 회사를 선택하고 있다. 기후 리스크에 잘 대비한 기업은 앞으로 더 많은 투자와 신뢰를 얻을 수 있을 것이다.

지금까지 대부분의 기업은 '주주의 이익을 극대화하는 것'이 경영의 최우선 목표라고 생각해 왔다. 쉽게 말해, 회사에 투자한 사람(주주)들에게 최대한 많은 돈을 벌어주는 것이 기업의 존재 이유처럼 여겨졌다. 그런데 2019년, 미국에서 큰 변화가 일어났다. 미국에서 가장 영향력 있는 180여 개 기업의 CEO들이 모인 단체인 비즈니스 라운드테이블(Business Roundtable, BRT)이 기업의 역할에 대한 새로운 선언을 발표했다. 이 선언에는 애플, 아마존, 월마트, 블랙록 등 세계적인 기업의 대표들이 참여했다.

이들은 기존처럼 오직 주주의 이익만을 추구하지 않겠다고 선언했다. 대신, 기업은 다양한 이해관계자에게 가치를 제공해야 한다고 강조했다. 이해관계자는 다음과 같은 사람들을 포함하고 있다.

- **직원**: 회사를 함께 운영해가는 사람들
- **고객**: 제품이나 서비스를 구매하는 사람들
- **공급업체**: 제품을 함께 만드는 파트너
- **지역사회**: 기업이 위치하고 영향을 주는 사회
- **환경**: 기업 활동이 영향을 미치는 자연환경
- **주주**: 회사에 돈을 투자한 사람들

기업 경영자들은 선언문을 통해, 기업이 가져야 할 새로운 목적을 [그림 1-6]과 같이 정리했다.

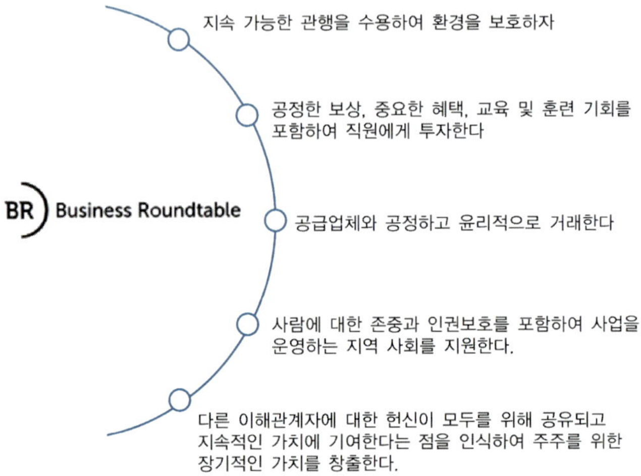

[그림 1-6] BRT의 기업의 목적

지속가능한 관행을 수용하여 환경을 보호하자는 기업이 제품을 만들고 서비스를 제공하면서도 지구를 아프게 하지 않도록 노력해야 한다는 것으로 플라스틱을 줄이거나, 재생에너지를 사용하고, 탄소배출을 줄이는 노력을 말한다.

공정한 보상, 중요한 혜택, 교육 및 훈련 기회를 포함하여 직원에게 투자한다는 직원은 회사를 움직이는 핵심으로 단순히 월급만 주는 게 아니라, 배우고 성장할 기회, 공정한 대우, 복지 혜택 등을 제공해야 한다는 것으로 사람을 비용이 아닌 자산으로 보는 관점이다.

공급업체와 공정하고 윤리적으로 거래한다는 회사가 제품을 만들기 위해 협력하는 공급업체(하청업체)에게도 공정한 가격, 정당한 대우, 환경·인권 기준을 준수하는 것으로 착한 기업은 자신만 잘 되는 게 아니라 협력사도 함께 성장시킨다.

사람에 대한 존중과 인권보호를 포함하여 사업을 운영하는 지역사회를 지원한다는 회사는 혼자 존재하는 것이 아니라 지역 사회와 함께 숨 쉬며 살자는 의미로 일자리 창출, 기부, 청소년 교육 프로그램, 환경 보호 활동 등으로 지역사회에 긍정적인 영향을 미쳐야 한다는 의미이다.

이해관계자에 대한 헌신이 모두를 위해 공유되고 지속적인 가치에 기여한다는 점을 인식하여, 주주를 위한 장기적인 가치를 창출한다는 이제는 기업이 주주만 생각해서는 안 되고, 모든 이해관계자(직원, 고객, 지역사회, 환경 등)에게도 가치를 제공해야 한다. 그렇게 할 때 기업도 지속적으로 성장하고, 장기적인 이익도 만들어낼 수 있다는 철학이다.

이 선언은 단지 말로만 그친 것이 아니고 많은 기업들이 실제로 이 방향으로 경영 전략을 바꾸기 시작했다. 그동안은 ESG 경영이 '착한 기업'이 하는 일처럼 여겨졌다면, 이제는 모든 기업이 반드시 실천해야 하는 새로운 표준으로 자리 잡고 있다. 특히, 이 선언은 "기업의 성공은 사회와 지구의 지속 가능성과 연결되어 있다"는 메시지를 분명하게 보여준다. 재무적인 이익뿐만 아니라, 사회적 책임(직원·지역사회)과 환경적 책임(탄소 배출 감축 등)까지 고려해야 진정한 성공이라고 생각하는 시대가 열린 것이다.

과거에는 기업이 "이윤이 나면 그만!"이었다면, 이제는 "회사가 돈을 벌면서도, 직원들이 행복하게 일하고, 지역사회에도 기여하고, 지구를 덜 아프게 할 수는 없을까?" 바로 이런 생각이 ESG

경영의 본질이며, BRT 선언은 이런 변화를 이끄는 중요한 신호탄이 되었다.

2020년 1월, 세계 각국의 정치인과 기업인들이 모인 스위스 다보스 세계경제포럼(WEF)에서는 중요한 변화가 시작되었다. 이 회의에서는 '지속가능성'과 '이해관계자의 관심(모든 관련 사람들의 이익)'을 글로벌 경제의 가장 중요한 주제로 선정했다. 그동안 기업은 주로 돈을 얼마나 잘 버는가를 기준으로 평가받았지만, 이제는 사회와 환경에 어떤 영향을 주는가도 중요하게 보기 시작한 것이다.

같은 해 9월, WEF는 이 변화된 생각을 실제로 실천할 수 있는 방법을 제시하기 위해 '이해관계자 자본주의 측정(Stakeholder Capitalism Metrics)'이라는 포럼을 열었고 이 포럼에서는 기업이 단순히 돈을 버는 것뿐 아니라, 지속가능한 발전과 사람과 환경에 얼마나 좋은 영향을 주는지를 숫자와 자료로 평가하고 보고할 수 있도록 구체적인 기준을 발표했다. 이 기준은 세계 4대 회계법인(딜로이트, PwC, EY, KPMG)의 도움을 받아 4개의 핵심 분야로 정리됐다.

- **지배구조(Governance)** : 기업이 얼마나 윤리적이고 투명하게 경영하는지, 책임 있는 의사결정을 내리는지 평가(예 : 이사회 구성, 부패 방지 시스템 등)
- **지구(Planet)** : 기업이 환경에 어떤 영향을 주는지 평가(예 : 탄소 배출량, 물 소비량, 폐기물 처리 등)
- **사람(People)** : 직원과 고객, 지역사회에 어떻게 대하고 기여하는지 보는 항목(예 : 근로조건, 안전, 다양성과 포용 등)
- **번영(Prosperity)** : 기업이 경제와 기술 발전에 기여하는 정도(예 : 일자리 창출, 연구개발 투자, 혁신 등)

기업은 네 가지 항목에 대해 자신의 활동을 정리하고 수치로 표현하면, 투자자는 이 기업이 책임 있는 기업인지 쉽게 판단할 수 있고 소비자와 직원도 믿고 선택할 수 있게 된다.

기업 스스로도 "우리는 사회와 환경에 좋은 영향을 주고 있는가?"를 되돌아볼 수 있고 이것은 단지 문서를 만드는 게 아니라, 세상을 더 좋게 만드는 기업을 찾아내고 키우는 도구이다.

요약: ESG 개념

◇ 자본시장 투자자 관점에서 투자 의사결정 요인이자, 기업의 가치에 영향을 미치는 비재무적 요소를 통칭

❶ (투자) 투자의사결정 등에 있어 환경(E) · 사회(S) · 지배구조(G) 등 비재무적 요소를 적극 고려하는 흐름을 통칭하는 개념*

* ESG 투자는 "ESG를 경영의사결정 및 투자전략에 통합하는 과정"(IMF, '19)

↳ 전통적인 금융리스크 외 ESG 관련 리스크를 기업의 재무적 수익성과 연계

환경 · 사회 · 지배구조 요소(UN Principles for Responsible Investment)

구분	요소
환경(Environmental)	기후변화, 자원고갈, 물, 공해, 삼림파괴
사회(Social)	인권, 현대노예, 아동근로, 근로조건, 근로자 관계
지배구조(Governance)	뇌물 · 부패, 경영진 보상, 이사회 구조, 정치적 로비, 조세전략

- ESG 투자는 SRI(사회책임투자), 임팩트 투자 등을 포괄하나 지속가능한 장기수익성을 보다 강조하는 것이 최근 흐름

❷ (경영) 기업이 경제적 가치 외에 환경 · 사회적 가치를 적극 고려·창출함으로써 기업의 명성과 가치를 높이는 활동을 통칭

- ESG 경영은 ESG 관점에서 경영 전략을 수립하는 것과 경영활동을 통해 창출한 ESG 성과를 공개하는 ESG 공시로 구분

【 ESG 생태계 】

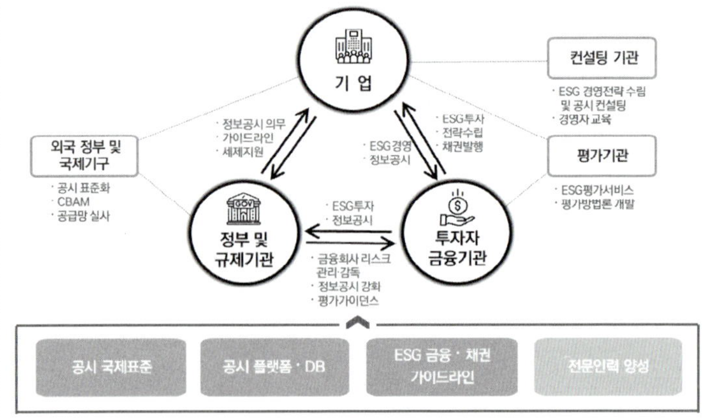

요약: ESG 확산경과

◇ '80년대 이후 기존 자본주의의 한계에 따라 지속가능발전 제시

ㅇ '87년 브룬트란트 보고서* 이후 학계·국제기구를 중심으로 지속가능발전 논의, '94년 지속가능발전을 위한 트리플바텀라인 제시**

* 경제발전의 대안으로 지속가능발전 제시, 유엔환경계획(UNEP)에서 채택

** (TBL : Triple Bottom Line) : 기업이익, 환경 지속성, 사회적 책임(John Elkington)

▪ 이후 글로벌 지속가능보고서 가이드라인(GRI 1.0)이 발표('00)되며, 환경·사회 관련 기업의 비재무지표를 공시하기 시작

◇ '00년 이후 UN 책임투자원칙(PRI), 파리기후협약 및 지속가능발전목표(UN SDGs)를 통해 ESG 등장·확산

ㅇ UN 사회책임투자원칙('06, UN PRI)을 통해 글로벌 금융사 등이 ESG 이슈를 투자에 반영하기로 합의

ㅇ 지속가능발전 목표(SDGs), ESG 투자, 공시 지표 등 글로벌 ESG 생태계 기반이 EU 및 국제기구 중심으로 마련

▪ (SDGs) '30년까지 글로벌 환경·사회적 목표를 제시한 파리기후협약 및 지속가능발전목표(UN SDGs) 체결('15)

▪ (TCFD) 금융안정위원회(FSB)는 TCFD를 설립해 공시체계 마련

◇ 국제기구·EU 중심으로 생태계 조성 시작 → 코로나19 및 블랙록 등의 ESG 투자 선언을 계기로 ESG 흐름 가속화

ㅇ 코로나19로 인한 사회양극화 문제 대두 및 기후위기 심각성 인식 증대로 주요국 탄소중립 공식 선언* → ESG 중요성↑

* EU('19.12월)·中('20.9월)·日('20.10월)·韓('20.10월) 등

ㅇ 세계 최대 자산운용사 블랙록(Blackrock)의 ESG 투자 본격 선언('20.1월) 등 글로벌 자본시장의 ESG 관련 투자 급증

▪ 투자기관의 투자대상인 대기업 중심으로 ESG 경영을 공식 선언하고, 정부·국제기구도 ESG 정책·제도 등을 본격 추진

▪ 최근 EU·국제기구 등을 중심으로 ESG 공시표준화, 공급망실사·탄소국경조정제도 도입 추진 등 규율체계 강화

읽을 거리

ESG는 실천이 중요하다

ESG는 Environmental(환경), Social(사회), Governance(지배구조)의 영문 첫 글자를 조합한 약자로, 기존의 지속가능경영이나 기업의 사회적 책임(Corporate Social Responsibility, CSR)이 확장된 개념으로 볼 수 있다.

ESG는 과거 기업에서 재무적 성과만을 판단하던 기준에서 벗어나 이제는 환경, 사회 문제까지도 책임을 가지고 지속가능성(Sustainability)을 제고해야 한다는 의미를 담고 있다. 이제 ESG는 기업의 비(非)재무적 성과를 판단하는 기준이 되고 있으며, 글로벌적으로는 규제 및 디지털 전환과 연계해서 혁신하고 있다.

2030년까지 국제사회의 최대 공동목표는 인류의 보편적 문제인 △빈곤 △질병 △교육 △성평등 △난민 △분쟁 등을 해결하고, 지구 환경문제인 △기후변화 △에너지 △환경오염 △물 △생물다양성 등과 경제 사회문제인 △기술 △주거 △노사 △고용 △생산 소비 △사회구조 △법 △대내·외 경제 등을 해결하는데 있다.

ESG의 주요내용을 살펴보면, Environmental(환경) 측면에서는 기후변화, 탄소중립, 환경오염과 환경규제, 생태계와 생물 다양성 등이 핵심 사안이며, Social(사회) 측면에서는 데이터 보호, 인권보장과 성별 그리고 다양성 문제, 지역사회와의 협력관계 구축 등에 힘써야 하며, 사회와 얼마나 적절한 관계를 구축하고 있는지가 핵심 사안이다.

또한, Governance(지배구조) 측면에서는 투명하고 신뢰도 높은 이사회 구성과 활동, 투명성이 높은 감사제도 운영 등을 요구하고 있다. 최대한 부패를 방지하고, 기업윤리를 준수함으로써 높은 지배구조 가치를 확보하는데 있다.

긍정적인 것은 소비패턴도 과거와는 달리 MZ세대를 중심으로 소비자와 투자자가 세상에 유익을 주는 기업을 응원하고, 이런 기업의 가치 소비를 향상시키고 있다.

참고로, 대한상공회의소 조사에 따르면, 60%가 넘는 소비자들이 제품 구매 시 ESG 활동을 고려한다고 응답했으며, ESG 활동에 부정적인 기업의 제품을 의도적으로 구매하지 않는 경험이 있다고 응답한 비율도 70%에 육박하고 있다.

특히, 환경 혹은 사회에 도움이 되는 소비라 생각하면 조금 더 비싼 가격의 제품이라도 구매하겠다는 응답이 68%에 이르며, 사회문제를 이유로 제품 불매 운동에 참여한 경험이 있다는 비율도 절반이 넘는다.

이와 같이 앞에서 열거한 사안을 바탕으로 대학도 이에 부응하는 ESG경영에 대한 체계적인 준비가 필요하다. ESG는 무엇보다 실천이 중요하다. 우선 대학에서 쉽게 실천할 수 있는 항목을 나열하면 다음과 같다.

환경 차원에서는 △캠퍼스 내 나무심기 △생활 속 일회용품 줄이기 △업싸이클링(Upcycling) △쓰담 달리기 운동 △플로킹(Plogging) 등을 실천할 수 있다. 사회 차원에서는 △교육봉사 △대학생 농촌일손 돕기 △대학생 동아리 재능기부 △대학생 사랑의 헌혈캠페인 전개 △대학생·대학 교직원 등을 위한 인권센터 운영 등을 실천할 수 있다. 또한 지배구조 차원에서는 △청렴한 대학문화 조성 △성희롱·성폭력에 대한 인식개선 및 예방교육 △구성원 소통 네트워크 강화 △교직원 공개채용 및 처우개선 등을 실천할 수 있다.

이제 우리나라도 2026년까지는 자산총액 2조원 이상의 유가증권시장 상장사는 ESG 공시가 의무화되고, 2030년까지는 모든 코스피 상장사로 확대될 전망이다. 앞으로 ESG가 제대로 정착되기 위해서는 대학의 역할이 매우 중요하다

그래야 미래사회도 지속적으로 발전할 수 있다. 정부에서도 좀 더 효과적인 ESG 정책과 이에 따른 교육시스템이 체계적으로 마련돼야 한다. 우리 모두가 환경을 보호하고 사회적 약자를 배려하며 지속가능한 미래를 위한 ESG 실천 활동이 활발하게 전개되기를 기대한다.

출처: 공동저자(한광식)가 기고한 내용임을 밝힘

제2부

ESG로 보는 사회의 눈

1. ESG 행정과 정책

1.1 국정과제

환경 보호, 사회적 책임, 투명한 경영을 의미하는 ESG는 이제 기업만의 과제가 아니다. 정부도 ESG 경영을 국민 생활 속에 널리 확산시키기 위해 적극적으로 나서고 있으며, 특히, 이재명 정부는 ESG 정책을 단순한 행정지침이 아닌 우리 사회의 지속가능한 미래를 위한 핵심 전략으로 보고 다양한 노력을 기울이고 있다.

이재명 정부는 ESG를 단순히 규제가 아닌 '함께 성장하는 도구'로 활용하려는 정부의 의지를 담아 기업이 ESG 경영을 어렵게 느끼지 않도록 정책과 지원을 통해 함께 성장할 수 있도록 돕겠다는 계획을 발표했다.

이재명 정부 ESG 행정의 3대 방향은 공공부문부터 ESG 실천, 민간 기업의 ESG 참여 지원, ESG 생태계 기반으로 제시하고 있다.

▪ 공공부문부터 ESG 실천

정부는 중앙정부, 지방자치단체, 공공기관이 먼저 ESG 모범을 보여야 하며, 이를 위해 공공기관의 ESG 경영 평가를 강화하고, 행정에서도 ESG 원칙을 실천하기 위한 가이드라인을 만들고 있다. 쉽게 말해, 정부가 먼저 '좋은 모범'이 되어 기업과 국민들이 따라올 수 있도록 길을 열겠다는 것이다.

■ **민간 기업의 ESG 참여 지원**

정부는 ESG 경영을 도입하고자 하는 기업들을 위해 다양한 교육과 컨설팅을 지원할 계획이다. 특히 중소기업들이 ESG를 어렵게 느끼지 않도록 자가진단 도구, 실천 가이드, 표준 보고서 양식 등을 제공하여 '작은 기업'도 ESG를 통해 지속가능한 미래를 준비할 수 있도록 지원하고자 한다.

■ **ESG 생태계 기반 마련**

ESG 평가기관, 인증기관, 전문인력 양성 등 ESG를 뒷받침하는 생태계 조성도 중요한 과제로 정부는 이러한 기반을 탄탄히 다져 기업들이 ESG를 실천할 수 있는 환경을 조성하고, 소비자도 ESG 기업을 쉽게 알아보고 선택할 수 있는 사회를 만들고자 한다.

이처럼 ESG는 정부 정책의 중심에 서 있으며, 이재명 정부는 이를 통해 대한민국의 지속가능한 미래를 설계하고 있다.

참고 **이재명 정부의 ESG 정책 20대 실천과제**

▶ 공공부문에서 ESG 실천(3개 과제)
- 공공기관 ESG 평가체계 마련
- 공공부문 ESG 행정 가이드라인 마련
- 중앙정부·자지체의 ESG 실천 강화

▶ 민간 기업의 ESG 참여 지원(5개 과제)
- 기업의 ESG 경영 확산 및 지원 강화
- ESG 정보공개와 공시체계 정비

- ESG 평가 신뢰성 제고
- ESG 전문인력 양성 및 역량 제고
- 민간 ESG 생태계 조성 및 협력 강화

▶ ESG 생태계 기반 마련(12개 과제)

- 지속가능한 생산·소비 전환 촉진
- 기후위기 대응 및 탄소중립 실현 기반 강화
- 인권경영 실천 확산
- 안전하고 건강한 노동환경 조성
- 사회적 가치 및 포용성 강화
- 기업지배 구조 선진화
- 지속가능 금융 활성화
- 글로벌 ESG 정책 공조 강화
- 미래 세대를 위한 ESG 교육 확대
- 지역 ESG 확산 및 균형발전 지원
- ESG 데이터 수집 및 통계 기반 마련
- ESG 추진 성과 점검 및 피드백 체계 마련

1.2 우리나라 ESG 행정 평가

2021년 1월, 세계적인 신용평가 기관인 무디스(Moody's)는 전 세계 144개국을 대상으로 한 국가 ESG 평가 보고서를 발표했다. 이 보고서는 각 나라가 환경(E), 사회(S), 지배구조(G) 측면에서 얼마나 안정적이고 지속가능한 국가 운영을 하고 있는지를 분석한 것이다. 특히 이 평가 결과는 국가의 신용등급에도 영향을 줄 수 있는 중요한 자료로, 국제 사회와 투자자들의 큰 관심을 받았다.

〈표 2-1〉 **15개 세부 항목**

분야	환경(E) : 5개	사회(S) :6개	지배구조(G) : 4개
세부 항목	탄소 전환	인구	제도적 구조
	기후변화	노동 및 소득	정책 신뢰성 및 효과성
	수자원 관리	교육	투명성 및 정보공개
	폐기물 및 공해	주거	예산 관리
	자연 자본(토지, 숲, 생태다양성 등)	보건 및 안전	
		기본 서비스 접근성	

출처 : Sovereigns - Global Explanatory Comment : New scores depict varied and largely credit-negative impact of ESG factors, Moody's(18 January 2021)

한국은 이 평가에서 매우 좋은 성적을 받았다. 독일, 스위스 등 세계적으로 선진적인 국가들과 함께 최고 등급인 '1등급'(긍정적)을 받은 11개국 중 하나로 선정된 것이다. 이는 한국이 ESG 측면에서 전반적으로 안정적이고 책임 있는 국가로 평가되었음을 의미한다.

조금 더 구체적으로 살펴보면, 환경 부문(E)에서는 탄소 감축, 기후변화 대응, 자원관리 등 5개 항목에서 모두 '2등급(중립적)' 평가를 받았고 이는 전 세계 평균 수준 이상의 환경 대응 능력을 갖추고 있다는 뜻이다.

사회 부문(S)에서는 교육, 의료 접근성 등에서 1등급(긍정적) 평가를 받았지만, 빠르게 진행되는 고령화 문제 등으로 인해 일부 항목에서 낮은 점수를 받아 종합적으로는 2등급(중립적)이었다.

가장 높은 평가를 받은 것은 지배구조 부문(G)으로 정부의 제도 운영, 정책의 일관성, 투명성, 재정 관리 등 모든 항목에서 최고 등급인 1등급을 받았다. 이는 한국 정부의 운영 체계가 매우 신뢰할 만하고 체계적이라는 의미이다.

이처럼 무디스는 한국이 ESG 측면에서 균형 잡힌 구조를 가지고 있으며, 특히 지배구조 측면에서 높은 투명성과 책임성을 바탕으로 국제 사회에서 신뢰받고 있다는 점을 강조했다. 결국 이 보고서는 한국이 환경과 사회, 정부 운영에서 국제 기준에 부합하는 우수한 국가임을 보여주는 자료로 평가받고 있다.

2021년, 세계적인 경제학자이자 지속가능발전 분야의 선구자인 제프리 삭스 교수[7]는 유엔 산하의 지속가능발전해법네트워크(SDSN)와 함께 전 세계 165개국을 대상으로 지속가능발전목표(SDGs) 이행 수준을 평가하였다. 이 평가에서 한국은 28위를 차지하였으며, 이는 비교적 양호한 성과로 볼 수 있지만 동시에 여러 과제가 남아 있음을 의미한다.

한국은 특히 "모두를 위한 양질의 교육" 분야에서 높은 점수를 받았다. 이는 초·중등교육의 보편적인 접근성과 교육의 질이 세계적으로 우수하다는 점에서 좋은 평가를 받은 것이다. 문해율이 높고, 대부분의 학생들이 학교에 다니며, 교육 인프라도 잘 갖춰져 있다는 점이 긍정적으로 작용했다.

하지만 개선이 필요한 영역도 분명히 존재한다. 먼저 성평등(SDG 5) 영역에서는 여성의 사회적 지위 향상, 고위직 진출, 임금 격차 해소 등에서 여전히 과제가 많다는 지적을 받았다. 또한 모

7) 세계적 경제학자, 지속가능발전 선구자, 미국 컬럼비아 대학 지구연구소 소장, 지속가능발전 분야 교수, 반기문 UN 사무총장 새천년개발목표 특별자문관역임, 지속가능발전해법네트워크 대표

든 형태의 불평등 해소(SDG 10) 역시 미흡한 점으로 꼽혔다. 소득과 지역 간 격차, 사회적 약자에 대한 배려 부족 등으로 인해 불평등 수준이 여전히 높다는 것이다.

환경 측면에서도 과제가 드러났다. 한국은 여전히 화석연료 의존도가 매우 높으며, 전체 전력 생산의 약 66%를 석탄, 석유와 같은 화석연료에 의존하고 있어 기후 변화 대응 노력이 부족하다는 평가를 받았다. 탈탄소화와 재생에너지 확대를 위한 더 적극적인 노력이 필요하다는 점에서 환경의 지속가능성은 중요한 개선 과제로 남아 있다. 특히 우려되는 점은 해양 생태계(SDG 14)와 육상 생태계(SDG 15)에 대한 평가에서 위험 수준(레드존)으로 분류되었다는 것이다. 플라스틱 쓰레기, 해양 오염, 남획, 산림 파괴, 생물 다양성 감소 등 자연 생태계 전반에 걸쳐 심각한 문제가 존재하고 있다는 의미이다.

마지막으로 국제 협력(SDG 17) 분야에서도 한국은 낮은 점수를 받았다. 이는 개발도상국 지원, 기술 공유, 글로벌 파트너십 구축 등의 분야에서 한국이 아직 국제사회에 적극적으로 기여하고 있지 않다는 뜻이다.

요약하면, 한국은 교육 분야에서는 높은 성과를 보이고 있으나, 성평등, 불평등 해소, 환경 문제, 국제 협력 등에서는 여전히 개선이 필요한 상황이다. 이러한 평가 결과는 단순한 순위 이상의 의미를 지니며, 한국 사회가 지속가능한 미래를 위해 어떤 노력을 더 해야 하는지를 보여주는 지표로 작용한다.

특히 이와 같은 과제를 해결해 나가는 데에는 미래 세대인 학생들의 참여와 관심이 매우 중요하며, 지속가능한 사회를 만들기 위한 실천은 오늘의 작은 이해와 행동에서부터 시작될 수 있다.

1.3 ESG 행정의 중요성

오늘날 'ESG(환경, 사회, 지배구조)'는 단지 기업만이 실천해야 하는 과제가 아니다. 이제는 정부와 지방자치단체(지자체)도 ESG 실천의 주체로 나서야 하고, 시민들 역시 ESG의 중요성을 인식하고 실천에 참여해야 할 필요가 있다. 이렇게 정부, 지자체, 시민, 기업이 함께 ESG를 실천하는 구조가 형성될 때, 기업들도 사회 전체와 함께하고 있다는 인식을 갖고 더욱 적극적으로 ESG 활동에 나설 수 있다.

특히 ESG는 기획재정부, 기후에너지환경부, 산업통상부, 중소벤처기업부 등 몇몇 정부 부처만의 노력으로는 충분히 실현되기 어렵다. 정부 전체가, 그리고 중앙정부와 지방정부가 함께 ESG를 실현할 수 있는 기반과 여건을 만들어야 한다. 그래야 기업들도 자발적으로 ESG를 경영 전략에 반영하고 실행할 수 있게 된다.

기업들이 ESG 경영을 도입하고 운영할 수 있도록 정부와 지자체는 다양한 방식으로 지원할 수 있다. 예를 들어 ESG에 대한 기본 교육을 제공하고, 실무에 필요한 가이드라인을 배포하거나, 개별 기업에게 맞춤형 컨설팅을 지원하는 등의 방법뿐만 아니라 ESG 전략 수립, 공급망 실사 대응, 지속가능경영보고서 작성, 정보공개 등 실질적인 실행을 위해 법적 근거와 조례를 제정하고, 필요시 재정적 지원이나 세금 감면, 금융 혜택 등의 정책도 병행해야 한다.

또한 친환경 기술개발이나 신재생에너지 도입과 같은 친환경 활동은 초기 비용이 많이 들고 복잡한 행정 절차를 수반하기 때문에, 기업 혼자 힘으로 추진하기 어려운 경우가 많다. 이럴 때 정부와 지자체가 기술개발에 대한 보조금이나 세제 혜택을 지원하고, 관련 절차를 간소화해준다면 기업의 부담을 줄이고 ESG 실천을 촉진하는 데 큰 도움이 된다.

정부와 지자체 스스로 ESG를 실천하는 것도 중요하다. 예를 들어, 공공기관에서 친환경 설비를 도입하거나, 공공 조달에서 친환경 제품을 우선 구매하는 정책을 시행한다면, 이것이 곧 기업과 시민에게 ESG의 필요성과 방향성을 보여주는 모범이 될 수 있다. 이렇게 정부와 지자체가 현장에서 ESG를 실천하면, 기업이 어떤 점에서 어려움을 겪고 있는지도 더 잘 이해할 수 있고, 이를 기반으로 더욱 실질적인 지원정책을 설계할 수 있다.

미래 세대를 위한 ESG 교육 역시 매우 중요하다. 학교와 지역사회에서 실전 중심의 체험 교육을 통해 학생들이 어릴 때부터 ESG에 익숙해지고, 그것이 자연스럽게 일상에서의 선택과 행동으로 이어지도록 해야 한다. 이는 ESG의 문화화를 위한 핵심적인 기반이 된다. 이와 함께 정부와 지자체는 자신들의 ESG 실천 수준을 구체적인 지표로 정리하고, 이를 주기적으로 평가하고 시민에게 공개하는 시스템을 마련해야 한다. 일부 해외 도시에서는 지속가능경영보고서를 발간해 자신들의 ESG 활동을 투명하게 시민과 공유하고 있다. 우리나라 지자체들도 이런 형태의 보고서를 통해 ESG 실천 내용을 공시한다면, 신뢰도와 참여도를 높이는 데 효과적일 것이다.

결론적으로, ESG는 단발성의 활동이 아니라, 정부와 지자체가 적극적으로 주도하고 기업과 시민이 함께 참여해야만 실현될 수 있는 종합적인 실천 전략이다. 모두가 함께 노력할 때, 우리 사회는 보다 지속가능하고 책임 있는 방향으로 나아갈 수 있다. ESG는 '남의 일'이 아니라, '우리 모두의 일'이다.

이재명 정부는 ESG(환경, 사회, 지배구조) 행정을 더 체계적이고 전략적으로 운영하기 위해 새로운 평가 체계를 도입하려고 하고 있다. 이 평가는 단순히 행정기관이 어떤 일을 했는지를 보는 것이 아니라, 얼마나 효과적으로 ESG를 실천하고 있는지를 종합적으로 확인하는 중요한 과정이다.

ESG 행정 평가는 두 가지 큰 방향에서 진행된다.

첫 번째는 정부가 기업의 ESG 활동을 얼마나 잘 지원하고 있는지를 평가하는 것으로 정부가 마련한 정책이나 제도가 실제로 기업이 환경 보호나 사회적 책임을 실천하는 데 어떤 도움을 주고 있는지 살펴볼 것이다.

두 번째는 정부 스스로 ESG를 얼마나 충실히 실천하고 있는지를 평가하는 것으로 ESG는 기업만 지켜야 하는 것이 아니라, 정부와 공공기관도 스스로 환경을 보호하고, 사회적 책임을 다하며, 투명하게 일해야 한다. 따라서 이번 평가에서는 중앙정부와 지방정부가 직접 자신들의 정책과 운영 방식을 점검하게 된다.

중앙정부 부처는 자신들이 추진하는 핵심 정책을 중심으로

ESG 실천 수준을 자체적으로 평가하고 지방자치단체는 행정안전부와 함께 합동 평가를 통해 ESG 실천 정도를 확인받게 된다. 이러한 평가는 단순히 형식적으로 진행되는 것이 아니라, 정책이 실제 현장에서 효과적으로 작동하고 있는지를 확인하고 개선하기 위한 중요한 절차이다.

정부는 평가 지표를 너무 복잡하게 만들기보다는, 실제 실행이 가능한 간단하고 명확한 기준을 중심으로 평가체계를 구성하고 있다. 특히 캐나다 토론토시의 ESG 보고서 사례처럼, 실질적인 방향을 제시하는 해외 사례도 참고하고 있다.

정부는 "ESG 행정 5대 원칙"을 중심으로 평가지표를 마련할 전망이다.

참고 **ESG 행정 5대 원칙**

- **ESG 총괄 체계 마련**: ESG와 관련된 법률, 시행령, 조례, 규칙, 가이드라인 등을 새롭게 만들거나 기존 규정을 개선하는 것
- **ESG 추진체계(Governance) 구축**: ESG 정책이 제대로 실행될 수 있도록 위원회나 협의회 같은 운영 기구 조직
- **ESG 전담 조직 또는 인력 배치**: ESG 업무를 전문적으로 맡을 수 있는 전담 부서나 전담 직원 지정
- **ESG 평가 및 모니터링 체계 구축**: ESG 활동이 실제로 잘 이루어지고 있는지를 정기적으로 점검하고, 그 결과를 정책에 반영할 수 있도록 평가체계 마련
- **ESG 교육 및 전문가 양성**: 공무원이나 관련 업무를 맡은 사람들이 ESG의 개념을 제대로 이해하고 실천할 수 있도록 교육하고, 전문가를 양성

이러한 평가 시스템은 단순히 우리나라의 내부 기준만을 따르는 것이 아니라, 국제적인 ESG 기준에 맞추어 설계된 체계이다. 정부는 다음과 같은 글로벌 기준을 참고하고 있다.

- UN 지속가능발전목표(SDGs) : 전 세계가 함께 달성해야 할 17가지 지속가능한 발전 목표
- GRI(Global Reporting Initiative) : ESG 관련 활동을 어떻게 보고하고 공개할지에 대한 국제 표준
- ISO 26000 : 조직의 사회적 책임과 윤리적 운영을 위한 국제 지침

결국 정부와 지방자치단체가 먼저 ESG를 실천하고, 그 실천 정도를 스스로 평가하게 되면, 기업들도 정부의 방향에 발맞춰 자발적으로 ESG 경영을 실천하고 시민들 역시 이러한 흐름 속에서 ESG의 가치를 더 잘 이해하고 참여하게 된다.

이러한 ESG 행정은 우리 사회가 지속가능한 미래를 향해 나아가는 중요한 기반이 된다. 이는 이재명 정부가 강조하는 "함께 성장하고, 지속가능한 사회"를 실현하기 위한 핵심 전략 중 하나이다.

2. ESG 법과 제도

전 세계적으로 환경을 보호하고, 사람을 공정하게 대우하며, 기업이 책임 있게 운영되도록 하는 ESG(환경·사회·지배구조) 관련 법이 점점 늘어나고 있다. 이제는 단순히 착한 기업이 되자는 수준

을 넘어서, 정부가 법으로 정해 기업들이 반드시 지켜야 할 규칙이 되고 있으며, 이러한 ESG 법들은 크게 네 가지 방향으로 나눌 수 있다.

ESG

- 무역과 연계한 법률
  - 미국 위그루 강제노동 방지법
  - 유럽연합 강제노동 결부 상품 수입 금지 규정
  - 유럽연합 탄소국경조정 제도
- 공급망 실사 의무
  - 유럽연합의 지속 가능한 기업실사 지침
  - 프랑스의 기업실사의무법
  - 독일의 기업공급망 실사법안
  - 영국의 현대판 노예방지법
  - 네덜란드 아동노동 실사의무법
  - 미국 캘리포니아의 공급망 투명성 법
- 기업정보 공개 의무
  - 유럽연합의 기업 지속가능성 보고지침
  - 미국 증권거래위원회의 기후공시 법률
  - 유럽연합의 지속가능한 제품 에코디자인 규정
- 제품 정보 공개 의무
  - 유럽연합의 지속가능한 제품 에코디자인 규정

[그림 2-1] ESG 관련 법률

첫째, 무역과 연계된 법률이다.

이 법은 국가 간 무역에서 환경을 해치거나 인권을 침해한 기업에게는 불이익을 주는 것이다. 즉, 탄소를 많이 배출하거나, 아동노동 등 인권을 무시한 제품은 다른 나라에 수출하기 어려워진다. 예를 들어 친구들과 놀기로 했는데 어떤 친구가 매번 약속을 안 지키면, 나중엔 같이 안 놀게 되는 것처럼 기업도 마찬가지이다. 국제 사회가 정한 'ESG 약속'을 지키지 않으면, 신뢰를 잃고 무역에서 배제되는 것이다.

둘째, 공급망 실사 의무다.

이 법은 기업이 제품을 만들 때, 사용하는 원재료가 어디서, 어떤 조건에서 만들어졌는지를 반드시 점검하고 증명해야 하는 것으로 환경 파괴, 아동노동, 강제노동이 없었는지를 꼼꼼히 확인해야 한다. 내가 쓰는 가방이 어디서, 어떤 환경에서 만들어졌는지 알고 싶다고 생각해보자. 그 과정에 아이들이 강제로 일하거나, 유해한 화학약품을 썼다면, 그런 제품은 이제 국제 사회에서 용납되지 않는다.

셋째, 기업정보 공개 의무이다.

기업이 어떻게 ESG를 실천하고 있는지, 즉 환경보호는 잘했는지, 직원을 공정하게 대우했는지, 윤리적으로 운영했는지를 공개해야 하는 법이다. 학교에서 시험을 본 후, 성적표를 부모님께 보여드리듯, 기업도 자신들의 ESG 실천 결과를 투명하게 보고서로 공개해야 한다.

숨기지 말고, 있는 그대로 드러내야 한다.

넷째, 제품정보 공개 의무이다.

이 법은 제품을 팔 때 소비자에게 그 제품이 환경에 어떤 영향을 미치는지, 건강에 안전한지 등 정보를 투명하게 알려줘야 한다는 내용으로 우리가 과자를 사면서 칼로리, 당류, 첨가물 등을 확인하듯, 이제는 옷, 화장품, 전자제품을 살 때도 “이 제품이 환경에 얼마나 나쁜가?”, “이건 안전한가?”를 제품 라벨이나 홈페이지에서 확인할 수 있어야 한다.

이처럼 세계 여러 나라에서 만들어진 ESG 관련 법들 가운데, 특히 12가지 법은 우리나라 기업들이 꼭 주의 깊게 봐야 할 중요한 법들이다. 이 법들은 기업이 더 책임감 있게 행동하도록 만들고, 더 나아가 우리 모두가 건강하고 공정한 사회에서 살아갈 수 있도록 돕는 역할을 한다. 결국 이런 법들을 통해 기업은 환경을 지키는 좋은 보호자, 사람을 공정하게 대우하는 믿음직한 고용주, 그리고 자신들의 정보를 숨김없이 공유하는 투명한 조직으로 성장할 수 있다. 이러한 변화는 단지 기업의 성장뿐만 아니라, 우리 사회 전체가 더 나은 방향으로 나아가는 데 중요한 기반이 된다.

2.1 무역과 연계한 법률

▪ 미국 위구르 강제노동 방지법(UFLPA)

[그림 2-2] **신장 위구르(웨이우얼) 자치구의 지리적 위치**

출처 : Wikimedia Commons(https://en.wikipedia.org/wiki/Xinjiang)

전 세계적으로 ESG에 대한 관심이 높아지면서, 많은 나라들이 기업이 환경을 보호하고 사람을 존중하는 방식으로 운영되도록 만드는 법을 만들고 있다. 그중에서도 미국은 인권 보호를 매우 중요하게 여기는 나라로, 기업이 노동자들을 정당하게 대우하고 있는지를 매우 엄격하게 살펴보고 있다. 이런 맥락에서 2022년 6월, 미국은 '위구르 강제노동 방지법(Uyghur Forced Labor Prevention Act, UFLPA)'이라는 특별한 법을 시행하기 시작했다. 이 법은 주로 중국의 신장 위구르 자치구에서 생산된 상품이 강제노동에 의해 만들어졌을 가능성이 크다고 보고, 그 지역에서 생산된 제품은 원칙적으로 미국으로 수입될 수 없도록 금지하는 내용을 담고 있다.

가장 큰 특징은, 수출업체가 스스로 입증을 해야 한다는 점이다. 미국에 물건을 보내는 기업이 그 제품이 강제노동과 아무 관련이 없다는 사실을 직접 증명해야만 한다. 그냥 "우리는 깨끗하게 만들었어요"라고 말하는 것만으로는 부족하다. 확실한 자료와 증거가 있어야만 미국의 관세 당국인 관세국경보호청(CBP)이 그 물건을 받아준다. 만약 이 증거가 불충분하다고 판단되면, 미국 정부는 해당 제품이 미국 시장에 들어오지 못하도록 막을 권한을 가지고 있으며, 이런 조치는 단순히 하나의 법을 지키는 문제가 아니라, 글로벌 무역에서의 신뢰와 직결된 문제이다.

미국 정부는 신장 지역에서 강제노동이 발생할 가능성이 높은 제품 세 가지 면화(Cotton), 폴리실리콘(Polysilicon), 토마스(Tomato)를 집중적으로 감시하고 있다. 우리나라에서 만든 옷이나 반도체, 태양광 패널에 위구르 지역에서 생산된 원재료가 사용되었다면, 미국에서는 그 제품이 입국 금지 대상이 될 수 있다. 더 나아가, 단순히 제품을 직접 생산하지 않더라도, 협력업체나 2차·3차 공급업체가 위구르 지역과 관련된 재료를 썼다면 전체 공급망이 영향을 받게 된다. 그렇기 때문에 한국 기업들도 자신의 공급망 전 과정을 꼼꼼하게 점검해야 할 책임이 있는 것이다.

■ 유럽연합(EU) 강제노동 결부 상품 수입 금지 규정

우리가 매일 사용하는 옷, 가방, 스마트폰, 식품 등 다양한 제품은 여러 나라를 거쳐 복잡한 과정을 통해 만들어진다. 그런데 그 과정 중 일부에서는 사람들이 원하지 않는데도 강제로 일하게 되는 '강제노동[8)]'이 일어나기도 한다. 이런 강제노동은 대부분 위험하고, 비인간적인 환경에서 이루어지며, 인권을 심각하게 침해한다. 유럽연합(EU)은 이런 강제노동을 뿌리 뽑기 위해 2024년부터 '강제노동 제품 수입 금지 규정'을 새롭게 마련했다. 이 법은 강제노동으로 만들어졌다고 의심되는 제품이 유럽에 들어오지 못하도록 막는 것이 핵심이다.

EU의 법은 크게 세 단계 절차를 통해 강제노동 제품을 걸러낸다.

먼저, 1단계는 사전 위험 확인으로 국제노동기구(ILO) 등에서 제공하는 정보를 기반으로, 어떤 제품이나 산업, 지역이 강제노

8) 강제노동이란 자신의 의지와 상관없이 억지로 일을 해야만 하는 상태를 말한다. 예를 들어, 누군가가 위협을 받거나, 임금을 제대로 받지 못하거나, 안전하지 않은 환경에서 강제로 일해야 하는 상황이 이에 해당된다. 실제로 많은 사람들이 빈곤, 억압, 차별 등으로 인해 선택권 없이 노동에 내몰리고 있다.

동 위험이 높은지 사전에 파악한다. 예를 들어, 특정 국가에서 생산된 면화나 태양광 패널 재료 등이 반복적으로 문제가 된다면 이 제품군이 주의 대상이 된다.

2단계는 조사와 검증으로 강제노동이 의심되는 제품이 발견되면, EU 각국의 당국이 실제로 강제노동이 있었는지를 조사한다. 기업은 자사 제품의 공급망을 설명하고, 강제노동이 없었다는 증거 자료를 제출해야 할 의무가 있다.

3단계는 조치와 회수로 조사 결과, 해당 제품이 강제노동과 관련이 있다고 판단되면 해당 제품은 EU에서 판매·유통이 즉시 금지되고, 이미 유통된 제품은 회수하여 폐기해야 한다. 이때 발생하는 비용은 모두 제조기업이 부담한다. 만약 기업이 이 법을 어긴다면 벌금과 제재도 받을 수 있다.

EU의 이 법은 단순히 의류나 태양광 패널에만 적용되는 것이 아니라, 광물, 전자부품, 식품 등 다양한 제품군에도 확장될 가능성이 크기 때문에 모든 산업군에 해당될 수 있다.

우리나라 기업들이 유럽 등 글로벌 시장에 제품을 수출할 때, 품질뿐만 아니라 우리가 만든 제품이 어떻게 만들어졌는지, 누구에 의해 어떤 환경에서 생산되었는지를 투명하게 설명할 수 있어야 한다. 특히 공급망 내 1차 협력사뿐만 아니라, 2차·3차 하청업체까지도 관리해야 하며, 강제노동이 있었는지 여부를 추적하고 증명할 수 있는 공급망 실사체계를 갖춰야 한다.

■ 유럽연합(EU) 탄소국경조정제도(CBAM)

지구가 점점 더워지고 있다는 건 이미 많은 사람들이 알고 있다. 이것을 지구온난화라고 부르며, 그 원인 중 하나가 바로 탄소(이산화탄소)와 같은 온실가스이다. 그래서 전 세계는 이런 온실가스를 줄이기 위해 많은 노력을 하고 있다. 그중 유럽은 환경을 보호하기 위해 '탄소국경조정제도(Carbon Border Adjustment Mechanism, CBAM)'라는 새로운 규제를 만들었다

간단히 말해서, 유럽에 수출하려는 제품이 환경을 얼마나 오염시켰는지를 확인하고, 오염이 많았다면 그만큼 '환경 보호 비용'을 내라는 제도이다. 마치 우리가 교실을 지저분하게 썼다면 청소비를 내야 하는 것처럼, 지구 환경을 해치면 그에 대한 책임을 지도록 만든 것이다.

예를 들어, 철강이나 알루미늄 같은 제품을 한국에서 만들어 유럽에 팔려는 기업은, 그 제품을 만들 때 얼마나 많은 탄소가 나왔는지를 보고서에 반영하여 유럽 수입업자에게 제출해야 한다.

그리고 2026년부터는 보고만 하는 것이 아니라, 탄소를 배출한 만큼 돈을 내야 하는 CBAM 인증서도 구매해서 제출해야 한다. 이때 구매하는 인증서의 가격은 유럽의 '배출권거래제(ETS)[9)]' 가격에 따라 정해진다.

이 탄소국경조정제도가 적용되는 제품은 철강, 알루미늄, 시멘트, 비료, 전력, 수소이다. 철강과 알루미늄처럼 단순한 원재료뿐

---

9) 배출권거래제, 즉 ETS(Emission Trading System)는 지구 온난화의 주범인 탄소 배출을 줄이기 위한 하나의 방법으로 '탄소 배출에 가격표를 붙이고, 그것을 사고팔 수 있게 만든 것'이라고 할 수 있다.

아니라, 이 원재료로 만든 모든 제품들도 포함된다. 예를 들어, 철강을 이용해 만든 자동차 부품도 이 제도에 따라 보고하고 인증서를 제출해야 할 수 있다. 지금은 유기화학 제품이나 플라스틱(폴리머) 등은 포함되지 않았지만, 앞으로 대상 품목이 계속 늘어날 예정이기 때문에 우리나라 기업들도 이 법률을 계속 지켜봐야 한다.

2026년 1월부터는 탄소를 배출한 만큼의 CBAM 인증서를 구매해서 제출해야 한다.

유럽 안에서 제품을 만드는 기업들은 이미 환경을 보호하기 위해 많은 비용과 노력을 들이고 있다. 그런데 외국에서 만든 제품은 그런 규제가 없으면 싸게 들어올 수 있다. 그래서 EU는 "환경을 지키기 위해 노력한 기업이 손해 보지 않도록", 그리고 "전 세계가 함께 지구를 지키자"는 취지로 이 제도를 만들었다.

'탄소국경조정제도(CBAM)'는 단지 유럽의 새로운 규제가 아니라, 앞으로 세계 모든 나라가 따라갈지도 모르는 환경 규제의 기준점이 되고 있다. 우리나라 기업들도 이 흐름을 잘 이해하고, 탄소를 줄이고, 투명하게 보고하며, 국제 기준에 맞게 생산 시스템을 바꾸는 노력이 필요하다. 그래야 글로벌 시장에서 경쟁력을 유지하고, 지속가능한 기업으로 성장할 수 있다.

2.2 공급망 실사 의무

■ 유럽연합의 지속가능한 기업실사 지침(CSDDD)

지금까지 많은 기업들은 제품을 만들 때 어디서 어떤 재료가 쓰였는지, 그 과정에서 환경이나 사람에게 어떤 영향이 있었는지 깊이 따지지 않았지만 이제는 다르다. 유럽연합(EU)은 기업이 자신의 사업 활동이나 공급망 전체가 환경이나 인권에 어떤 영향을 미치는지 꼼꼼히 살펴보고, 그 결과를 바탕으로 더 나은 방식으로 일해야 한다는 법률을 만들었다. 이 법률이 '지속가능한 기업실사 지침(Corporate Sustainability Due Diligence Directive, CSDDD)'이다.

여기서 말하는 '실사(due diligence)'란, 기업이 자신의 제품이나 서비스가 어떻게 만들어졌는지 전 과정을 확인하고 평가하는 일이다. 예를 들어, 옷을 만드는 회사라면 단순히 예쁜 옷을 만드는 것이 아니라, 그 옷에 사용된 면이나 천이 어디에서 왔는지, 그걸 만든 노동자들이 정당하게 대우받았는지, 환경을 오염시키지는 않았는지 등을 하나하나 확인하는 과정을 의미한다. 이렇게 철저하게 조사하고, 그 내용을 소비자에게 투명하게 공개하면, 사람들은 이 옷은 환경과 사람을 생각하며 만든 제품이라고 믿고 구매할 수 있게 된다.

'CSDDD'는 기업에게 제품을 만들고 판매하는 전 과정에서 환경을 해치거나 인권을 침해하는 일이 있었는지 조사해야 하고, 원자재를 구매하는 단계부터 제품이 소비자에게 전달되기까지의 전체 공급망을 점검해야 한다. 점검 결과를 바탕으로 문제가 있다면 개선하고, 그 내용을 온라인 등 공개된 방식으로 투명하게 알려야 하는 법적 의무이다.

이 지침은 2028년부터 본격적으로 시행되며, 대기업들은 그때부터 자사 제품이 만들어지는 전 과정에서 환경이나 인권에 어떤 영향을 주는지 조사하고, 문제가 있는 경우 이를 줄이기 위한 조치를 반드시 해야 한다. 이 법은 단지 "좋은 기업이 되세요"라고 말하는 정도의 권고가 아니고, 지키지 않으면 매우 큰 벌금이 부과될 수 있다. 최대 전 세계 매출의 5%까지 벌금을 부과할 수 있도록 되어 있다.

유럽연합(EU)이 공급망 전반에서 환경과 인권 보호를 위해 만든 이 법률은 기업들이 다음과 같은 일을 하도록 [그림 2-3]과 같이 요구하고 있다.

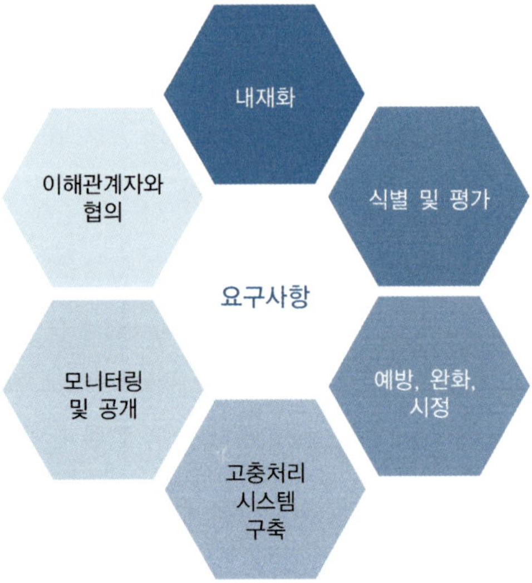

[그림 2-3] EU 지속가능한 기업실사 법률의 요구사항

요구사항을 세부적으로 살펴보면 다음과 같다.

- **내재화**: 기업 정책 전반에 실사를 포함시켜, 일상적인 업무의 일부로 만드는 과정
- **식별 및 평가**: 인권, 환경, 거버넌스(기업 운영 방식)와 관련해 자사의 활동이나 공급망에서 나타날 수 있는 실제적 또는 잠재적인 부정적 영향을 찾아내고 평가
- **예방, 완화, 시정**: 발견된 문제를 해결하고, 앞으로 발생할 수 있는 문제를 예방하거나 줄이기 위한 조치
- **고충처리 시스템 구축**: 문제를 제기할 수 있는 시스템을 만들고 운영
- **모니터링 및 공개**: 취한 조치가 실제로 효과가 있는지 지속적으로 확인하고, 실사 결과와 관련 활동을 대중에게 알리기
- **이해관계자와 협의**: 실사와 관련된 다양한 이해관계자들과 소통하고 협력

EU에서 사업을 하는 우리 기업이라면 이 법률을 따라야 하며, 이는 EU 안에 있는 기업뿐만 아니라 EU 바깥에서도 EU로 제품을 수출하는 기업에도 적용된다. 특히 환경이나 인권에 큰 영향을 미칠 수 있는 고위험[10] 산업군에 속한 기업이라면 더 주의 깊게

---

10) EU에서는 환경과 인권을 보호하기 위해 주의를 기울여야 할 몇 가지 '고위험 산업'을 정해 놓았다. 이 산업들은 사람들의 삶과 지구 환경에 큰 영향을 미칠 수 있기 때문에 더 많은 관심과 조사가 필요하다.
- 섬유 산업: 옷이나 신발, 가방 등을 만드는 곳과 이런 제품들을 큰 규모로 판매하는 곳이 포함되어 이런 제품을 만들 때 사용되는 재료나 공정 과정에서 환경이나 노동자에게 해가 되지 않도록 주의해야 한다.
- 에너지·광물 산업: 원유나 천연가스, 석탄 같은 에너지 자원을 캐고, 운반하고, 다루는 산업으로 이 과정에서 환경오염이나 광부들의 안전 문제가 발생할 수 있다.

이 법률을 확인해 봐야 한다. 현재 이 법률의 직접 대상이 아닌 중소기업도, EU나 다른 나라의 기업들과 거래하고 있다면 간접적으로 영향을 받을 수 있어 환경과 인권 관련 기준을 잘 지키면서 사업을 운영하고, 이 새로운 법률이 시행되기 전에 미리 준비하는 것이 필요하다.

이 법률로 EU가 지구를 더 깨끗하게 만들고 공정한 경제로 나아가는 데 도움이 될 것이다.

■ 프랑스의 기업실사의무법(Duty of Vigilance Law)

프랑스의 '기업 실사의무법'은 대기업들이 자신들의 사업이나, 그 사업에 참여하는 협력 회사들이 환경이나 인권, 건강을 해치지 않도록 확인하고, 문제가 있으면 그것을 해결하도록 [그림 2-4]와 같이 요구하고 있다.

- 농업·임업·수산업 : 음식을 만들거나, 큰 규모로 농산물 판매, 동물 및 동물 제품을 다루는 산업으로 이 산업에서는 농약 사용이나 노동 조건 등을 신경 써야 한다.
- 건축 산업 : 건물을 짓는 과정에서 건축자재의 선택이나 건설 노동자의 권리를 보호해야 한다.
- 금융 산업 : 돈을 빌려주거나, 투자 관리, 보험 같은 금융 서비스를 제공하는 것으로 이 산업은 돈이 어디에 사용되는지, 환경이나 사회에 좋은 영향을 주는 곳에 투자되는지 주의 깊게 봐야 한다.
- 디지털 산업 : 컴퓨터나 휴대폰 같은 전자 제품을 만들거나, 인터넷 서비스, 소셜 미디어(SNS), 온라인 쇼핑 같은 디지털 관련 일로 이 산업에서는 데이터의 안전이나 개인정보 보호 같은 문제가 중요하다.

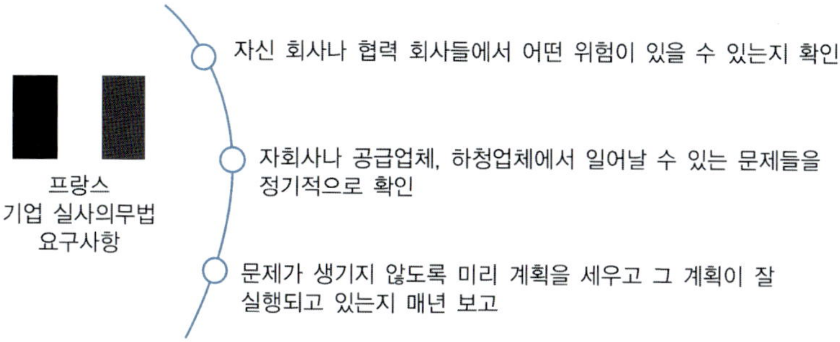

[그림 2-4] **프랑스의 기업 실사의무법 요구사항**

2017년, 프랑스는 '기업 실사의무법(Duty of Vigilance Law)'을 만들어 프랑스에 본사를 둔 대기업들이 사업을 할 때 인권이나 환경에 해를 끼치지 않도록 책임을 지는 것을 의무화했다. 이 법은 단지 프랑스 안에서만 적용되는 것이 아니라 해외에 있는 지사나 협력사에도 이 법이 적용된다. 즉, 프랑스 대기업이 외국에서 사업을 하거나 외국 기업과 협력할 경우에도 그 사업이 사람의 권리를 침해하거나 환경을 해치면 책임을 져야 한다

프랑스의 대표적인 에너지 기업 '토탈(Total)'은 아프리카의 우간다와 탄자니아에서 원유를 개발하는 대규모 사업을 진행했다. 그런데 이 사업이 시작되자마자, 몇몇 환경단체와 인권단체가 문제를 제기했다. 이 단체들은 토탈이 현지 주민의 땅을 강제로 빼앗고, 충분한 보상도 하지 않았다고 주장했다. 또한, 이 사업으로 인해 지역 생태계와 환경이 파괴될 위험이 크다며, 토탈의 행동은 프랑스의 '기업 실사의무법'을 위반한 것이라고 주장하고 프랑스 법원에 토탈을 고발했다.

이것이 바로 '기업 실사의무법'이 실제로 어떻게 적용되는지를 보여주는 대표적인 사례이다.

이제 세계는 단순히 '제품이 좋으냐, 싸냐'만을 보는 것이 아니라, '어떻게 만들어졌는가?', '환경을 해치지 않았는가?', '사람을 착취하지 않았는가?'까지도 따지기 시작했다. 프랑스의 기업 실사의무법은 이런 흐름을 대표하는 법이며, 우리나라 기업들도 해외 수출이나 협력을 지속하려면 이런 국제 규범에 맞춰 준비해야 한다.

■ 독일의 기업공급망실사법안(Act on Corporate Due Diligence in Supply Chains)

독일에서는 2021년에 새로운 법안인 "기업 공급망 실사법안"을 만들었다. 이 법의 핵심은 기업이 사업을 할 때 인권을 지키고, 환경을 보호하는 책임을 반드시 다해야 한다는 것이다. 즉, 기업은 강제노동을 이용하지 말아야 하며, 환경을 해치는 물질도 사용하지 말아야 한다.

독일은 2011년에는 유엔(UN)이 발표한 '기업과 인권에 관한 지침'을 받아들였고, 2016년에는 이를 더 발전시키기 위해 '국가 행동계획(National Action Plan, NAP)'도 만들었다. 하지만 2021년에 독일 정부가 자국 기업들을 조사한 결과, 많은 기업들이 이런 국제 기준을 제대로 지키고 있지 않다는 사실이 드러났다. 이러한 현실을 바탕으로, 독일 정부는 "이제는 권고가 아니라 법으로 강제해야 한다"는 판단 아래 이 법안을 제정하게 되었다.

2023년부터 이 법이 적용되는데, 처음에는 직원 수가 3,000명 이상인 대기업들부터 시작하고 2024년부터는 직원 수가 1,000명 이상인 기업들로 확대되었다.

기업이 인권이나 환경에 대한 실사를 잘 했는지에 대한 결과는 매년 보고서로 만들어서 공시해야 하며, 이 보고서는 회계연도가 끝난 후 4개월 이내에 온라인에 게시되어야 한다. 만약 기업들이 이 법을 어길 경우 독일 연방경제수출통제청(BAFA)이 제재를 부과할 수 있다. 독일의 이 법은 전 세계적으로도 인권과 환경 보호를 매우 강하게 요구하는 법 중 하나이다. 이 법은 앞으로 독일 내 기업들뿐만 아니라 독일 기업과 거래하는 전 세계 기업들까지 영향을 미치게 될 것이다.

■ 영국의 현대판 노예방지법(Modern Slavery Act)

영국은 2015년에 사람들을 현대판 노예 상황으로부터 보호하기 위해 '현대판 노예방지법(Modern Slavery Act)'을 제정했다. 이 법은 기업이 자신의 사업 운영과 공급망 내에서 노예제나 인신매매와 같은 불법 행위가 발생하지 않도록 주의할 의무를 명확히 하며, 그러한 위험이 없다는 사실을 대외적으로 투명하게 공개해야 한다고 규정하고 있다. 이에 따라, 법의 적용을 받는 기업들은 공급망과 자사 사업 활동 전반에서 현대판 노예제 및 인신매매를 예방하기 위해 어떤 조치를 취하고 있는지 설명한 문서를 작성하여 공개해야 한다. 이 문서에는 기업의 관련 정책, 위험 평가 및 관리 체계, 직원 대상 교육 프로그램, 그리고 노예제나 인신매매와 관련된 활동이 없다는 성명서가 포함되어야 한다.

이 법은 영국 내에서 상품이나 서비스를 공급하는 기업 중, 전 세계 매출액이 3,600만 파운드(약 540억 원) 이상인 모든 기업에 적용된다. 따라서 영국에서 사업을 수행하고 있는 우리나라 기업도 매출 기준에 해당된다면 반드시 이 법을 준수해야 한다.

■ **네덜란드의 아동노동 실사의무법(Child Labour Due Diligence Act)**

2019년, 네덜란드는 아동노동으로부터 아이들을 보호하기 위해 '아동노동 실사의무법(Child Labour Due Diligence Act)'을 제정하였다. 이 법은 기업이 자신이 판매하거나 제공하는 상품이나 서비스가 아동노동에 의해 만들어진 것이 아닌지를 사전에 확인할 의무를 부여하고 만약 아동노동의 가능성이 있다고 판단되면, 해당 기업은 그 사실을 네덜란드 정부에 보고해야 한다.

이 법의 특징은 A 기업의 공급망에서 아동이 노동에 참여한 사실이 확인되었을 때, 단순히 그 협력사와의 계약을 즉시 해지하는 것이 아니라, 그 협력사가 향후 아동노동을 재발하지 않도록 예방 계획을 수립하고 실행할 수 있도록 지원해야 한다는 점이다. 즉, 이 법은 문제 해결보다도 지속적인 개선과 예방에 초점을 맞추고 있다.

이 법은 네덜란드에서 상품이나 서비스를 제공하거나 판매하는 모든 기업에 적용되며, 네덜란드 외국 기업도 해당 법의 대상이 될 수 있다. 단, 1년에 단 두 번 이하로 네덜란드 소비자에게만 상품이나 서비스를 판매하는 외국 기업은 적용 대상에서 제외된다. 따라서 네덜란드로 상품이나 서비스를 수출하는 우리나라 기업들도 자사 제품이나 서비스가 아동노동에 의해 생산되지 않았는지 반드시 사전에 점검해야 한다. 이 법은 단순한 규제를 넘어, 기업의 사회적 책임과 윤리적 경영에 대한 의무를 강화하는 법적 장치로 볼 수 있다.

■ 미국 캘리포니아의 공급망 투명성 법(California Transparency in Supply Chains Act)

미국 캘리포니아주에서는 제품 생산 과정에서 강제노동이나 인신매매와 같은 비윤리적인 행위를 근절하기 위해, '캘리포니아 공급망 투명성 법(California Transparency in Supply Chains Act)'을 제정하였다. 이 법은 2012년부터 시행되었으며, 대기업들이 자신들의 제품이 어떤 과정을 거쳐 생산되었는지를 투명하게 공개하도록 의무화하고 있다.

이 법의 적용 대상은 캘리포니아에서 사업을 운영하고 있는 매출액 1억 달러(약 1,200억 원) 이상인 제조업체로 해당 기업들은 사사의 웹사이트에 공급망 내 인신매매 또는 강제노동이 없다는 내용을 명시적으로 공개해야 하며, 누군가 관련 내용을 요청할 경우 30일 이내에 서면으로 답변해야 하는 의무도 지고 있다.

이 법의 중요한 목적은, 제품이 만들어지는 과정과 그 과정에서의 윤리적 책임에 대해 소비자와 이해관계자에게 투명하게 알리는 것이다. 이렇게 공개가 이루어지면, 강제노동과 같은 문제에 연루된 기업들은 드러나게 되고, 소비자들은 그런 기업의 제품을 선택하지 않음으로써 윤리적 소비를 실천할 수 있게 된다. 결과적으로, 이 법은 기업들이 더 인도적이고 책임 있는 방식으로 비즈니스를 운영하도록 유도하고 있다.

따라서 캘리포니아에서 사업을 운영하거나 그곳으로 제품을 수출하는 우리나라 기업들도 이 법을 숙지하고 철저히 준비할 필요가 있다. 이 법에서 요구하는 정보를 성실히 공개하지 않거나 보고 의무를 소홀히 할 경우, 법적 문제로 이어질 수 있으므로 우리 기업들도 적극적으로 법의 취지에 부응해야 할 필요가 있다.

2.3 기업정보 공개 의무

■ 유럽연합(EU)의 기업 지속가능성 보고지침(CSRD)

2022년 6월, 유럽연합(EU)은 기업들이 환경 보호와 사회적 책임 이행에 대한 정보를 더 정밀하게 보고하도록 요구하는 새로운 법률 '기업 지속가능성 보고지침(Corporate Sustainability Reporting Directive, CSRD)'을 도입했다. 이전에도 유사한 보고 지침이 있었지만, 기업들이 제공하는 정보가 부족하거나 구체성이 떨어진다는 비판이 많았기 때문에, CSRD는 보고 범위와 내용의 깊이를 더욱 강화한 것이 특징이다.

CSRD의 주요 목적은, 기업들이 자신들의 경영활동이 환경과 사회에 어떤 영향을 미치는지를 명확히 밝히고, 그에 따른 책임을 다하고 있는지를 투명하게 공개하도록 하는 것이다. 이 지침에 따라 기업은 단순히 재무성과뿐 아니라, 비재무적 정보인 ESG 요소에 대해서도 구체적으로 보고해야 한다.

CSRD는 단순한 형식적 보고를 넘어서, 기업이 자신의 지속가능경영 노력을 실제로 실행하고 있는지, 그 영향과 결과를 설명하고 책임지는 구조를 강화하는 것을 핵심으로 한다.

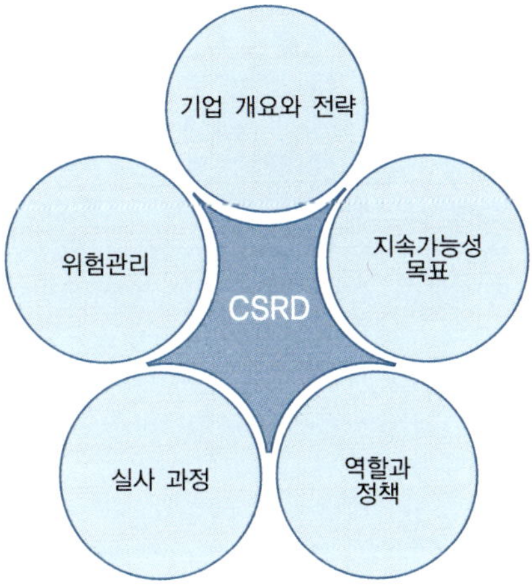

[그림 2-5] **기업 지속가능성 보고지침(CSRD)**

기업 지속가능성 보고지침(CSRD)은 구체적으로 다음을 요구한다.

- **기업 개요와 전략**: CSRD는 기업이 어떤 비즈니스 모델을 가지고 있으며, 어떤 전략을 세워 지속가능성 목표를 달성하려고 하는지 보고
- **지속가능성 목표**: 기업이 세운 지속가능성 목표와 그 목표를 달성하기 위해 실행하고 있는 구체적인 과정들에 대해서 설명
- **역할과 정책**: 경영진이나 감독기관이 지속가능성과 관련해 어떤 역할을 하는지, 기업 내에서 어떤 정책을 시행하고 있는지 공개

- **실사 과정**: 기업의 제품이나 서비스가 환경이나 사회에 어떤 부정적 영향을 줄 수 있는지, 그리고 그런 영향을 최소화하기 위해 어떤 조치를 취했는지에 대한 정보를 제공
- **위험 관리**: 기업이 직면할 수 있는 주요 지속가능성 위험과 그 위험을 관리하기 위한 방안 보고

이 법률은 유럽연합(EU)에 상장된 모든 기업은 물론, 상장되지 않았더라도 자산 2,000만 유로 이상, 연 매출 4,000만 유로 이상, 직원 수 250명 이상 중 두 가지 이상을 충족하는 기업이라면 모두 적용 대상이 된다. 기업 유형에 따라 적용 시기는 다르지만, 2025년부터 본격적으로 시행되었다. 특히 이 법은 단순히 EU 회원국 기업에만 국한되지 않고, EU 외부에 본사를 둔 기업이라도 EU 시장에 진출했거나, EU 증시에 상장된 경우에는 이 법률의 적용을 받는다. 유럽 시장에서 사업을 하거나 제품·서비스를 판매하고자 하는 모든 기업은 환경(E), 사회(S), 지배구조(G)와 관련된 책임을 보다 명확히 인식하고 행동해야 하며, 그에 따른 정보를 투명하게 공개해야 한다는 점에서 매우 중요한 제도이다.

CSRD는 유럽에서 사업을 영위하는 모든 기업이 지구 환경을 보호하고, 사회적 책임을 다하며, 윤리적이고 투명하게 운영되고 있는지에 대해 더욱 자세하고 정확한 정보를 공개하도록 요구하는 법이다.

이러한 제도는 소비자와 투자자 등 다양한 이해관계자들이 기업의 지속가능성 수준을 더 명확히 파악할 수 있게 하고, 동시에

기업들로 하여금 더 나은 사회와 환경을 위해 스스로 책임감을 갖고 행동하도록 유도하는 역할을 한다.

■ 미국 증권거래위원회(SEC)의 기후공시 법률

미국 증권거래위원회는 기업들이 환경문제에 더 책임 있게 대응하도록 하기 위해 기후 관련 정보 공개를 의무화하는 새로운 법률을 도입했다.

이 법은 미국 증시에 상장된 모든 기업이 자신들의 온실가스 배출량과 기후 변화가 기업 경영에 어떤 영향을 미치는지에 대한 정보를 공시하도록 요구하고 있다. 구체적으로 보면, 기업들은 자신이 직접 배출하는 스코프 1(Scope 1) 온실가스와, 에너지 사용에서 발생하는 스코프 2(Scope 2) 온실가스에 대한 데이터를 2026년부터 공개해야 한다.

처음에는 제품 생산부터 소비에 이르기까지 전체 가치사슬에서 배출되는 스코프 3(Scope 3) 온실가스 정보도 포함될 예정이었지만, 많은 기업들이 준비가 어렵다고 반발하면서 현재는 선택적으로 공시할 수 있도록 변경되었다.

이 법은 기후 변화의 심각성 때문에 만들어졌다. 바이든 대통령의 취임 이후, 미국은 파리기후협약에 재가입하고, 친환경 정책을 적극적으로 추진했다. SEC의 이번 조치 역시 그 일환으로, 기업을 평가할 때 재무 정보뿐만 아니라 환경에 미치는 영향도 중요한 기준이 되어야 한다는 인식에서 비롯된 것이다. 그러나 미국 증권거래위원회의 기후공시 법률은 2024년 3월에 통과되었으나 현재는 법적 소송과 증권거래위원회의 법적 방어 중단으로 인해 시행여부가 불투명한 상태이다. 하지만 캘리포니아주는 상장 여부와 관계없이 대기업이라면 누구나 기후 리스크 관련 정보를 공개하도록 의무화하고 있어, 미국 내에서도 점차 규제가 강화되고 있다.

이러한 법률은 미국 내 기업들뿐 아니라 미국과 비즈니스를 하는 모든 해외 기업에도 영향을 줄 수 있으며, 우리나라 기업도 예외는 아니다. 따라서 우리 기업들도 이러한 흐름을 이해하고, 온실가스 배출량 관리와 기후 리스크 대응을 체계적으로 준비해야 할 필요가 있다. 결국 이 법은 지구 환경을 보호하고, 기후 위기에 대응하기 위한 글로벌 노력의 일환이며, 기업들이 환경친화적이고 지속가능한 경영을 강화하도록 유도하는 중요한 변화의 시작점이라고 할 수 있다.

2.4 제품정보 공개 의무

■ 유럽연합(EU)의 지속가능한 제품 에코디자인 규정(ESPR)

유럽연합(EU)은 환경 보호와 지속가능한 미래를 실현하기 위해 '지속가능한 제품 에코디자인 규정(Ecodesign for Sustainable Products Regulation, ESPR)'이라는 법안을 만들고 기존의 에코디자인 지침을 한층 더 강화하고 확장하여, 제품의 설계부터 사용, 폐기까지 전 생애주기에서 환경 영향을 최소화하는 것을 목표로 하고 있다.

ESPR은 제조업체들에게 제품의 내구성, 수리 용이성, 재사용성과 재활용 가능성을 높이도록 요구하고 있다. 즉, 제품을 더 오래 사용할 수 있도록 만들고, 고장이 나더라도 소비자가 쉽게 수리할 수 있으며, 수명이 다한 이후에는 부품이나 자원을 재활용할 수 있도록 설계해야 한다. 예를 들어, 배터리나 전자제품을 분해하기 쉽게 만들거나, 부품을 교체하기 쉽게 구성하는 등의 설계가 요구된다. 이 법안의 핵심 중 하나는 '디지털 제품 여권(Digital Product Passport)'이다. 이 여권은 제품에 대한 핵심 정보를 담은 디지털 기록으로, 제품에 사용된 원재료, 제조 과정, 사용 및 유지보수 방법, 폐기 또는 재활용 지침까지 모두 포함한다.

소비자는 이 정보를 통해 제품이 얼마나 환경 친화적인지 확인할 수 있고, 이를 바탕으로 지속가능한 소비를 선택할 수 있는 근거를 갖게 된다.

ESPR은 EU 시장에 유통되는 대부분의 물리적 제품에 적용되며, 일부 품목(예 : 식품, 의약품, 수의약품 등)을 제외한 거의 모든 상품이 해당되며 이 규정은 단순히 제조업체뿐 아니라, 유통업체와 판매업체까지 적용 범위에 포함되므로 공급망 전반에서의 책임 이행이 요구된다. 이 규정은 공공 의견 수렴 과정을 거쳐 2024년 7월에 공식 발효되었다. 기업들은 ESPR이 요구하는 기준에 맞게 제품을 설계하고 생산해야 하며, 기준을 충족하지 않는 제품은 EU 시장에서 판매할 수 없게 된다.

결론적으로, 이 규정은 지속가능한 소비와 생산의 전환을 위한 중요한 제도적 기반으로, 제품을 더 오래 사용하고, 수리와 재활용을 용이하게 만들어 자원 낭비를 줄이며, 환경에 미치는 부정적인 영향을 최소화하는 데 기여할 것이다. 이는 제조기업과 소비자,

그리고 인류 모두에게 긍정적인 변화를 가져올 것으로 기대된다.

3. ESG 평가와 공시

3.1 ESG 평가

ESG 평가는 환경, 사회, 지배구조와 관련된 요소들을 기업이 경영 활동에 얼마나 잘 반영하고 실천하고 있는지를 객관적으로 판단하는 과정을 말한다. 이 평가의 핵심은 기업이 ESG 요소를 어떤 정보를 통해, 어떤 기준으로 얼마나 충실히 반영하고 있는지를 종합적으로 살펴보는 데 있다. 많은 투자자들은 ESG 평가 결과를 투자 판단의 중요한 지표로 활용하고 있다. 직접 기업을 평가할 수도 있지만, 보통은 전문 평가기관이 제공하는 ESG 점수나 등급을 참고한다. 이 평가 결과를 통해 투자자는 해당 기업이 ESG 이슈에 얼마나 적극적으로 대응하고 있는지를 쉽고 명확하게 파악할 수 있다.

ESG 평가는 국내·외 다양한 전문 기관들에 의해 수행되고 있다. 국제적으로는 모건스탠리의 MSCI, S&P 글로벌, 그리고 과거 톰슨로이터의 자회사였던 Refinitiv 등이 대표적이며, 국내에서는 한국ESG기준원, 대신경제연구소, 서스틴베스트 등이 주요 평가기관으로 활동하고 있다.

평가 방식은 기관마다 세부적으로는 차이가 있지만, 크게 4단계의 절차를 따른다.

- **평가 준비** : 지속가능경영보고서와 같은 공개 자료를 수집하고 기업의 기본 정보 분석
- **평가 수행** : 기업에 추가 자료나 설문을 요청하고, 경우에 따라서는 기업 담당자와의 면담이나 인터뷰 등 심층 검토
- **등급 부여** : 수집된 정보를 바탕으로 평가 점수나 등급 부여
- **결과 분석 및 등급 조정** : 외부 환경 변화나 기업의 피드백을 반영하여 등급을 조정하거나 재평가를 진행

ESG 평가는 평가기관이 일방적으로 점수를 부여하는 방식이 아니라, 기업이 얼마나 성실하게 자료에 응답하고 협조하는지에 따라 평가 결과가 영향을 받을 수 있다는 점도 중요하다.

즉, 동일한 수준의 ESG 활동을 하고 있는 기업이라도, 평가 요청에 얼마나 잘 대응하느냐에 따라 등급 차이가 발생할 수 있다.

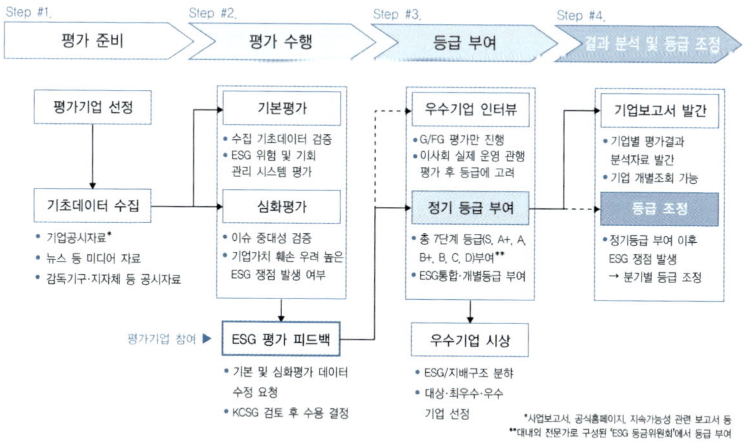

[그림 2-6] **ESG 평가절차**

출처 : KESG

평가에도 산업별 ESG 요소의 비중은 평가기관마다 다르게 정하고 있다.

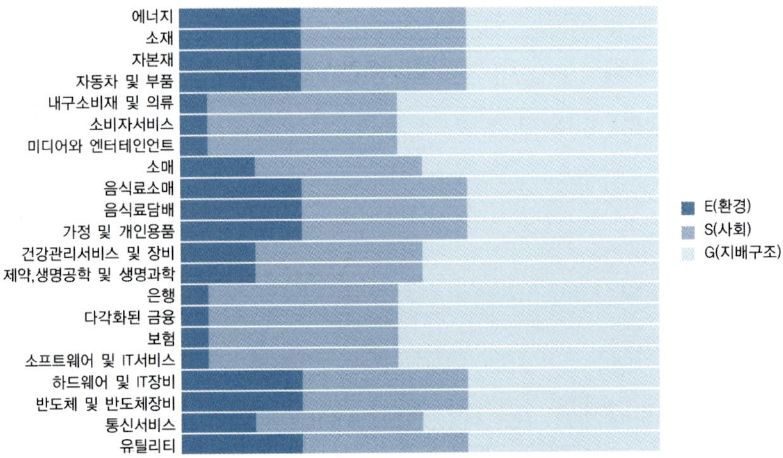

[그림 2-7] **상장사 ESG 평가시 요소별 비중**

출처 : 서스틴베스트

국제연합 책임투자원칙(UN PRI)은 전 세계 금융기관들이 지속가능한 투자 결정에 중요한 참고 기준으로 활용되고 있으며, 이때 가장 보편적으로 사용되는 기준 중 하나가 바로 GRI(Globa Roporting Initiative) Standards이다. GRI Standards는 기업이 환경, 사회, 지배구조 전반에 걸쳐 ESG 이슈를 어떻게 인식하고, 대응하며, 투명하게 보고하고 있는지를 구조화된 지표 체계를 통해 평가할 수 있도록 설계되어 있다.

환경(E)

3. 환경

301 원재료
302 에너지
303 용수와 폐수
304 생물 다양성
305 대기로의 배출
306 폐수 및 폐기물
308 공급업체의 환경적 평가

사회(S)

2. 경제

201 경제 성과
202 시장내 지위
203 간접 경제효과
204 조달 관행
205 반부패
206 반경쟁 행위
207 조세

4. 사회

401 고용
402 노사관계
403 산업안전 · 보건
404 훈련 및 교육
405 다양성과 기회 균등
406 차별금지
407 결사의 자유와 단체교섭
408 아동노동
409 강제노동
410 보안 관행
411 원주민의 권리
413 지역 커뮤니티
414 공급업체에 대한 사회적 평가
415 공공정책
416 고객의 안전 · 보건
417 제품 및 서비스 라벨링
418 고객 개인정보 보호

G(지배구조)
2. 일반 공개사항
4. 지배구조
2-9 거버넌스 구조 및 구성
2-10 최고 거버넌스 기구의 임명과 선정
2-11 최고 거버넌스 기구 의장
2-12 영향 관리를 감독하는 최고 거버넌스 기구의 역할
2-13 영향 관리에 대한 책임 위임
2-14 지속가능경영 보고 관련 최고 거버넌스 기구의 역할
2-15 이해상충
2-16 중요한 관심사항에 대한 커뮤니케이션
2-17 최고 거버넌스 기구의 집합적 지식
2-18 최고 거버넌스 기구의 성과 평가
2-19 보수 정책
2-20 보수 결정 절차
2-21 연간 총 보상 비율

결국, GRI Standards를 기반으로 한 ESG 평가는 단순한 정보 공개를 넘어서, 기업의 지속가능성과 장기적인 경쟁력에 대한 신뢰를 형성하는 기준이 되고 있다. 국제 투자자와 기관투자자들은 이 평가 지표를 통해 책임 있는 투자 판단을 내리며, 기업 또한 GRI 기반의 투명한 ESG 정보 공개를 통해 자본시장과의 신뢰를 쌓고 있다.

3.2 ESG 공시

자본시장에서의 공시 규제는 투자자와 기업 간 정보 비대칭을 해소하기 위한 제도적 장치로, 투자자가 증권의 가치를 정확히 판단하고 책임 있는 투자 결정을 내릴 수 있도록 충분하고 신뢰할 수 있는 정보 제공을 그 목적으로 한다. 특히 ESG 관련 정보는 기업의 재무적 성과뿐만 아니라 비재무적 위험과 기회를 판단하는 중요한 자료로 활용되고 있다. 우리나라에서는 ESG 정보공개를 체계적으로 도입하기 위한 중장기 로드맵을 수립하여 단계적으로 추진하고 있다.

1단계에서는 2025년까지 ESG 정보 공개에 필요한 제도적 기반을 구축하고, 기업들의 자율공시 활성화를 통해 공시 역량을 높이는 것을 목표로 하고 있다. 2단계에서는 당초 2025년부터 자산규모 2조 원 이상의 코스피 상장기업을 대상으로 ESG 정보공시를 의무화할 계획이었으나, 2024년 금융위원회 발표에 따라 해당 의무공시 시점은 2026년으로 1년 연기되었다. 이는 기업들의 공시 준비 부담을 완화하고 공시 품질을 제고하기 위한 조치로 해석된다.

마지막으로 3단계인 2030년부터는 코스피에 상장된 모든 기업을 대상으로 ESG 공시가 의무화될 예정이다. 이는 글로벌 시장의 ESG 공시 흐름에 대응하면서, 국내 기업의 지속가능경영 수준을 향상시키기 위한 정부의 노력이다.

한편, 한국거래소는 2021년 1월 18일에 발표한 『ESG 정보공개 가이던스』를 통해 ESG의 기본 개념, 정보공개 원칙, 보고서 작성 방법 및 절차에 대해 상세히 안내하고 있으며, 공시 기준으로 활용할 수 있는 권고 지표도 함께 제시하고 있다. 이 권고 지표는 총 12개 항목과 21개의 세부지표로 구성되어 있으며, GRI Standards, SASB, TCFD 등 글로벌 공시 기준을 참조해 설계된 것이 특징이다.

이러한 ESG 정보공개 체계는 투자자뿐만 아니라 이해관계자에게 기업의 지속가능성과 리스크 대응 능력을 전달하는 핵심 도구로 작용하고 있으며, 향후 공시 의무화 확대를 통해 ESG 경영이 더욱 일반화될 것으로 기대된다.

■ 보고서 명칭

현재 기업들이 발간하는 ESG 보고서는 명칭상으로는 다소 차이가 있지만, 대체로 '지속가능성 보고서(Sustainability Report)'라는 용어를 공통적으로 사용하고 있다. 이는 기존의 재무보고가 '사업보고서'라는 명칭 하에 연차, 반기, 분기 보고서 등으로 구분되어 정형화된 재무제표 및 관련 정보들을 포함하는 구조와 구별된다.

'사업보고서'는 법적 의무에 따라 정해진 형식으로 제출되어야 하는 보고서인 반면, ESG 보고서는 아직까지는 법적 의무사항이 아닌 자율적 보고에 해당되며, 그 형식과 명칭 또한 보고 주체에 따라 다양하게 나타나고 있다. 그러나 최근 국내 주요 대기업들을 중심으로 ESG 보고서의 작성 방식이 점차 유사한 틀을 갖추어가고 있으며, 형식 면에서도 일정한 표준화 경향이 나타나고 있다.

이러한 변화는 2026년부터 자산규모 2조 원 이상 상장기업에 대해 ESG 공시가 의무화될 예정임에 따라, 기업들이 향후 법적 공시체계에 선제적으로 대응하기 위한 준비의 일환으로 해석된다. 즉, 자율공시의 단계에서부터 지속가능성 보고서의 형식과 내용이 일정한 방향으로 수렴되고 있으며, 이는 향후 국내 ESG

정보공개제도의 제도화 과정에서 기업들이 보다 원활하게 적응할 수 있는 기반을 마련하고 있다는 점에서 의미가 있다.

[그림 2-8] **대한항공 ESG 보고서**

▪ 보고 기준

지속가능성 보고서를 작성할 때 가장 널리 사용되는 기준은 국제표준인 GRI(Global Reporting Initiative) 기준이다. GRI는 환경, 사회, 거버넌스 전반에 걸친 다양한 항목을 체계적으로 제시하고 있으며, 전 세계적으로 거의 모든 주요 기업들이 GRI 표준을 지속가능성 보고서의 작성기준으로 채택하고 있다. 이러한 점에서 GRI는 사실상 유일한 글로벌 표준이라 해도 무리가 없다.

▪ 인증 여부

지속가능성 보고서에 대한 인증 또는 검증은 보고서의 신뢰성과 객관성을 높이기 위한 절차로, 보고 내용이 GRI 기준에 부합하는지를 외부 전문가가 검토하여 의견을 제시하는 방식으로 이루어진다. 이 과정은 재무보고에서 외부감사인이 회계감사를 수행하는 절차와 유사하며, 특히 ESG 정보의 신뢰성을 중시하는 투자자나 이해관계자에게 중요한 역할을 한다.

■ 외부평가

외부평가는 지속가능성 보고서 자체의 형식이나 문서 내용을 직접적으로 평가하는 것이 아니라, 해당 기업의 지속가능성과 관련된 다양한 영역에 대해 외부 전문기관이 종합적으로 분석하고 평가하는 활동을 의미한다. 이러한 평가는 ESG 요소별 위험과 기회, 기업의 대응 수준, 그리고 지속가능경영에 대한 전략적 관점을 반영하여 점수나 등급의 형태로 제공되며, 투자자나 글로벌 이해관계자들이 기업의 비재무적 성과를 판단하는 데 중요한 기준으로 활용된다.

제3부

ESG와 경제

1. ESG 금융과 투자

1.1 ESG 금융

ESG(환경, 사회, 지배구조) 금융은 오늘날 글로벌 자본시장에서 기업의 지속가능성을 가늠하는 핵심적인 기준으로 작동하고 있다. 이 변화의 물결을 촉발시킨 인물 중 하나는 세계 최대 자산운용사 블랙록(BlackRock)의 CEO인 래리 핑크(Larry Fink)이다. 그는 2020년 글로벌 기업 CEO들에게 보낸 서신에서 "기후 위기는 비즈니스 리스크이며, ESG는 미래 투자 판단의 기준"임을 천명하였다. 핑크는 단순한 투자수익률이 아닌, 기후위기에 대한 기업의 대응 전략과 ESG 공시 수준이 주가 결정에 중요한 요소가 될 것이라고 강조하였다.

이러한 선언은 공허한 수사가 아니라, 실제 글로벌 투자 흐름에 큰 영향을 주었다. 블랙록은 7조 달러 이상의 운용자산을 가진 세계 최대 규모의 자산운용사로, 이들의 포트폴리오 구성은 전 세계 자본시장에 지대한 파급력을 미친다. 특히 한국 시장에서도 블랙록은 주요 대기업의 2~4대 주주로 광범위하게 참여하고 있으며, 국민연금 다음으로 강력한 영향력을 행사하고 있다.

[그림 3-1] **블랙록이 투자한 한국기업**

출처 : 조선일보

예를 들어, 엔씨소프트(8.1%), KB금융(6.0%), 네이버(5.7%), KT&G(5.7%), SK하이닉스(5.0%), 삼성전자(5.0%) 등에 상당한 지분을 보유하고 있으며, 총 82개 코스피 상장기업에 투자하고 있는 것으로 나타난다. 이는 단순한 투자 참여가 아니라, ESG 경영 실천 여부에 따라 블랙록이 투자 지속 여부를 판단한다는 의미에서 기업들에 큰 압력으로 작용하고 있다.

특히 블랙록은 ESG 경영 성과가 미흡하거나, 기후변화 리스크에 소극적으로 대응하는 기업에 대해서는 이사회 재구성 요구, 의결권 행사, 투자 철회 등의 실질적인 행동에 나서기도 한다. 이러한 경향은 ESG 금융이 사실상 기업들에게 강력한 간접 규제수단으로 작용하고 있다는 것을 보여준다.

코로나19 팬데믹과 글로벌 경기침체라는 불확실한 환경 속에서도 ESG에 대한 사회적·경제적 관심은 오히려 더욱 커졌다. 특히 금융권은 ESG 요소를 반영한 펀드나 채권을 통해 기업의 ESG 활동을 지원하고 있다. 예를 들어, ESG 펀드는 환경과 사회적 책임, 투명한 지배구조를 갖춘 기업에 집중적으로 투자함으로써 시장에서의 신뢰도를 높이고 있으며, 기업들은 ESG 채권(그린본드, 소셜본드, 지속가능채권 등)을 발행하여 친환경 기술개발, 에너지 전환, 사회적 가치 창출 사업 등의 자금으로 활용하고 있다. 실제로 국제금융협회(ICMA)에 따르면 2021년 기준 신흥시장 국가들의 ESG 채권 발행 규모는 전년 대비 약 3배 증가하며, ESG 금융이 본격적인 성장 단계에 진입했음을 보여주고 있다.

이와 같은 흐름은 ESG를 단순한 가치 기반 투자가 아닌, 사실상 간접 규제 수단으로 기능하게 만든다. 금융기관이 자금을 집행하는 과정에서 투자 및 대출 심사 시 ESG 평가를 핵심 요소로 반영하면서, 기업들은 자발적으로 ESG 기준에 맞는 경영을 추진하게 되는 구조가 형성된 것이다. 이는 법적 의무가 아님에도 불구하고, 실질적으로 ESG를 잘 실천하지 않으면 자금조달이 어려워지는 시장 압력이라는 점에서 매우 강력한 제도적 기능을 한다.

현재 국내·외 대부분의 금융기관은 투자 및 여신 심사 과정에서 ESG 평가 점수 또는 등급을 필수적으로 반영하고 있다. 한국에서는 산업은행, 기업은행, 국민연금 등 주요 정책금융기관이나 연기금이 ESG 평가 요소를 의무화하고 있으며, 시중은행이나 증권사들도 ESG 내부심사 기준을 구축해 운용하고 있다. 또한, ESG 평가 기관에서 발행하는 평가등급은 금융권의 투자 판단의 기준

자료로 활용되고 있어, 기업의 ESG 보고서 및 외부 검증 결과는 투자유치와 금융 접근성에 중대한 영향을 미친다.

결과적으로 ESG 금융은 단순한 '착한 투자'가 아니라, 위험관리와 수익성 확보, 지속가능성이라는 세 가지 목적을 동시에 추구하는 전략적 자금 흐름이며, 기업 경영의 핵심 지표로 자리매김하고 있다. 이제 기업이 ESG를 외면하는 것은 자본시장에서 스스로 고립되는 길이 되는 것이다.

1.2 ESG 투자

ESG 투자는 단순히 재무적 성과만을 추구하는 전통적 투자에서 한 걸음 더 나아가, 기업의 환경, 사회, 지배구조 요소를 기업 활동에 반영하고 이를 평가함으로써 장기적인 성과를 도모하는 투자 방식이다. 즉, ESG 경영을 통해 비재무적인 영역에서도 성과를 달성하거나 이를 달성할 수 있는 역량을 갖춘 기업에 장기투자자들이 자금을 투자하는 구조이다.

투자자는 이러한 ESG 경영 실천 여부를 기업 분석에 반영함으로써 기업의 본질적 가치를 보다 명확하게 파악하고, 단기적인 수익보다는 장기적인 성과와 안정적인 리턴을 기대할 수 있다. 특히 ESG 요소는 기존의 재무적 정보만으로는 포착하기 어려운 리스크 요소나 성장 잠재력, 지속가능성 등을 평가하는 데 효과적인 기준으로 작용하며, 이는 궁극적으로 투자 위험을 줄이고 장기적인 성과를 향상시키는 데 기여한다.

'ESG 투자'는 ESG 이슈를 투자 의사결정에 적극적으로 반영하는 접근이며, 단순히 투자대상을 걸러내는 차원을 넘어서, 기업이 ESG 경영을 통해 확보한 경쟁력을 어떻게 자본 조달과 투자 유치에 활용하고 있는지에 대해서도 중점적으로 분석한다. 이는 곧 ESG 투자자들이 어떤 방식으로 투자금이 사용되고, 어떤 변화를 유도하는지 판단하는 중요한 기준이 된다.

또한, ESG 투자는 '책임투자(Responsible Investment)'의 일환으로 이해할 수 있다. 책임투자란 기업의 재무성과 외에도 환경보호, 인권 존중, 지역사회 기여, 공정한 지배구조 등 사회적 책임 수행 정도를 투자 판단 기준에 포함시키는 것을 말한다. 이때 ESG는 책임투자를 실천하기 위한 구체적이고 실증적인 판단기준으로 기능하며, 투자자의 윤리적 판단뿐만 아니라 장기적 수익성과 리스크 대응력 강화를 위한 지침 역할을 한다.

결국 ESG 투자는 단기 수익률 중심의 전통 투자에서 벗어나, 지속가능한 미래를 지향하는 새로운 투자 패러다임이며, 기업의 책임 있는 경영활동이 자본의 흐름과 시장의 재편을 이끄는 강력한 기제로 작용하고 있다.

[그림 3-2] 금융기관 ESG 투자

출처 : 김채연, 이상은(2021. 5. 2.). "기업 몸값 좌우" 스틱, 투자 全과정서 ESG 따진다, 한국경제

■ UN 책임투자원칙(UN PRI)

2006년에 ESG(환경, 사회, 지배구조) 가치를 포함한 국제 기준 '유엔 책임투자원칙(UN PRI)'이 정립되었다. 이 원칙은 투자기관이 단순히 돈을 버는 것이 아니라, 사회와 환경에 긍정적인 영향을 주는 방향으로 투자 활동을 해야 한다는 윤리적이고 지속가능한 투자 기준을 제시한다.

이 원칙에 공감한 많은 글로벌 투자기관들이 자발적으로 참여하기 시작했다. 2021년 기준, 무려 3,826개의 글로벌 투자기관이 UN PRI에 서명했고, 이들의 운용자산 규모는 121조 3천억 달러(약 16경 원)에 달했다. 이는 전 세계 자본시장에서 얼마나 많은 투자기관이 책임 있는 투자(Responsible Investment)를 중요하게 여기고 있는지를 보여준다.

UN PRI에 서명한 투자기관들은 다음의 6가지 원칙에 따라 투자 활동을 수행해야 한다. 이 원칙들은 단순한 선언이 아니라, 실제 투자 과정에서 ESG를 어떻게 반영할 것인지를 안내하는 구체적인 지침이다.

- 제1원칙 : 우리는 ESG 이슈를 투자분석과 의사결정 과정에 통합한다.
- 제2원칙 : 우리는 적극적인 소유주가 되어 ESG 이슈를 소유권 정책과 관행에 통합한다.
- 제3원칙 : 우리는 투자하는 기업이 ESG 이슈에 대해 적절하게 공개하도록 추구한다.
- 제4원칙 : 우리는 투자산업 내에서 원칙의 수용과 실천을 추진한다.
- 제5원칙 : 우리는 원칙을 실행함에 있어 우리의 효율성을 높이기 위해 함께 노력한다.
- 제6원칙 : 우리는 원칙을 실천함에 있어 우리의 활동과 진행 상황에 대하여 보고한다.

출처 : PRI홈페이지(www.unpri.org)

이 중에서도 제1원칙과 제2원칙은 투자의 시작부터 끝까지 ESG 요소를 빼놓지 않도록 설계된 핵심 원칙이다. 특히, ESG 이슈에 대해 기업들이 행동에 나설 수 있도록 주주의 역할을 적극적으로 수행하는 것이 특징이다.

▪ ESG 채권

기업이 자금을 조달할 때 발행하는 채권에도 이제는 ESG 가치가 반영되고 있다. 바로 ESG 채권이다. ESG 채권은 발행기관이 자금을 모을 때, 이 돈을 환경보호나 사회문제 해결, 또는 지속가능한 프로젝트에만 사용하겠다고 투자자에게 약속하는 특수한 목적의 채권이다. 이러한 채권은 '사회책임투자채권', '테마채권(Thematic Bond)', '사회공헌채권' 등으로도 불리며, 일반적인 기업 채권과는 다르게 발행 목적이 명확하게 정해져 있다는 점이 가장 큰 특징이다.

국제자본시장협회는 ESG 채권을 다음과 같이 4가지 주요 유형으로 구분하고 있다.

구분	정의	주요 사용 목적
녹색채권	친환경 프로젝트 자금 조달 목적	신재생에너지, 탄소저감, 전기차 충전소 등
사회적 채권	사회문제 해결 프로젝트 자금 조달	저소득층 주거 지원, 교육, 의료 접근성 향상 등
지속가능채권	환경, 사회 모두에 기여하는 사업 자금 조달	환경 보호 + 사회적 약자 지원 등 복합 프로젝트
지속가능연계채권	ESG 목표 달성 여부에 따라 조건이 달라지는 채권	ESG 목표 미달 시 이자율 상승 등 인센티브/패널티 구조

이 중 지속가능연계채권(Sustainability-Linked Bond)은 특히

주목할 만하다. 이 채권은 기업이 미리 제시한 ESG 성과 목표(예 : 탄소배출 감축률)를 달성했는지 여부에 따라 이자율이나 채권 조건이 바뀌는 구조를 가지고 있다. 즉, 기업의 미래 ESG 성과와 금융 조건이 직접 연결된 형태이다. 예를 들어, 한 에너지 기업이 탄소중립을 목표로 친환경 설비를 설치하고자 할 경우, 녹색채권을 발행해 자금을 조달할 수 있다. 마찬가지로, 사회적 기업이 소외계층을 위한 교육 프로그램을 확대하고자 할 때, 사회적 채권을 통해 자금을 확보할 수 있다. 이처럼 ESG 채권은 단순한 자금 조달 수단을 넘어, 자본의 흐름을 통해 사회적 가치와 지속가능한 미래를 함께 만들어가는 도구로 자리 잡고 있다.

오늘날 많은 투자자들은 단지 수익률만이 아니라, 자신의 투자금이 사회에 어떤 긍정적 영향을 미치는지 중요하게 생각한다. ESG 채권은 이러한 윤리적이고 책임 있는 투자(Responsible Investment)의 흐름에 가장 잘 부합하는 금융상품이며, 기업의 ESG 경영 실천을 구체화하는 수단으로서도 활용되고 있다. 또한 ESG 채권을 발행한 기업은 투자자, 금융기관, 사회로부터 긍정적인 신뢰를 얻을 수 있어, 지속가능한 경영 기반을 다지는 데 큰 도움이 된다.

2. ESG와 기업 경영

2.1 ESG 경영

ESG 경영이란 기업이 장기적인 지속가능성을 확보하기 위해 이익, 매출 등 재무적 가치뿐 아니라 환경, 사회, 지배구조와 같은 비재무적 가치를 함께 고려하여 경영활동을 수행하는 것을 의미한다.

과거에는 대기업 중심의 이슈로 여겨졌지만, 대기업과 거래하는 중견·중소기업, 또는 해외로 수출하는 기업에게도 ESG 경영은 필수적인 생존 조건이 되었다. 예를 들어, 대기업은 협력회사의 ESG 수준을 정기적으로 평가하여 문제가 발견된 업체와의 거래를 종료하거나 개선을 요구하고 있다. 또한, 협력사의 ESG 현황을 지속가능경영보고서에 공개하며, 신규 협력업체 선정 시 ESG 요소를 평가 기준에 포함하고 있다. 즉, ESG는 단순한 선택 사항이 아니라

주요 그룹별 ESG 대응 현황

그룹	주요 내용
삼성	이재용 부회장 "사회적 책임 다하는 삼성으로 거듭나야"
	삼성전자, 지속가능경영협의회 CFO 주관 격상
	생명·화재·증권·운용, 석탄발전사업 투자중단 선언
현대차	정의선 회장 "안전한 환경 조성과 안전 사고 예방에 총력"
	현대글로비스, 녹색물류 선도 및 환경 정보 공개 확대
	현대제철, ESG 정량 데이터 시스템 구축
SK	최태원 회장 "사회와 공감하는 신기업가 정신 필요한때"
	SK하이닉스, 사회적 가치 2030선언
LG	구광모 회장 "고객 이해와 감동으로 LG팬으로 만들자"
	LG이노텍, 협력사 작업 환경 개선

그룹	주요 내용
롯데	화학부문, 친환경 매출 6조원 목표
	재활용품 판매 100t까지 확대
포스코	2050 탄소중립 공동선언문 서명
한화	김승연 회장 "ESG 글로벌 수준으로 강화"
	한화건설, 풍력·수소 등 친환경에너지 확대
GS	허태수 회장 "디지털·친환경 경영으로 신사업 발굴"
현대중공업	IPO 조달 자금으로 친환경 사업 1조원 투자
한진	대한항공, 이사회 ESG 위원회 신설
LS	구자열 회장 "지속가능 기업으로 도약에 최선"

[그림 3-3] 주요 그룹별 대응현황

출처 : 한우람, 강계만, 최근도(2021. 2. 2.). "ESG 경영 선장 CSO 모셔라" … 현대重·신한금융 '잰걸음', 매일경제

기업의 생존과 성장을 좌우하는 핵심 요소로 자리 잡고 있다.

최근 경영 환경은 재무적 성과 중심에서 환경(Environmental), 사회(Social), 지배구조(Governance)를 함께 고려하는 ESG 중심의 패러다임으로 빠르게 변화하고 있다. 이러한 변화 속에서 기업은 단순히 법규 준수나 사회공헌 활동에 그치는 것이 아니라, ESG 문제에 대한 명확한 전략 방향성을 설정해야 한다.

이를 위해 먼저 ESG 비전과 목표를 명확히 수립하고, 목표 달성을 위한 전략 방향과 추진 과제를 체계적으로 도출한다. 이렇게 도출된 과제들은 실행 가능한 수준으로 구체화되어야 하며, 이를 뒷받침할 운영체계(Management Infrastructure)를 구축하고 ESG 활동과 성과를 이해관계자에게 투명하게 전달할 수 있도록 정보 공시 체계를 확립하는 것이 필요하다.

[그림 3-4] **ESG 경영체제 구축 프레임워크**

출처 : KPMG (2021.2.29.). ESG 부상 기업은 무엇을 준비해야 하는가?

[그림 3-4]는 글로벌 컨설팅사 KPMG가 제시한 ESG 경영체제 구축 프레임워크로, 기업이 ESG를 효과적으로 도입하고 실행하기 위해 거쳐야 할 핵심 단계를 체계적으로 보여준다. 이 프레임워크는 크게 네 가지 단계로 구성된다.

첫째, ESG Vision & Target(비전과 목표) 단계에서는 기업의 존재 목적(Purpose)과 ESG 비전을 명확히 정의하고, 측정 가능한 ESG 목표를 설정한다. 이를 위해 기존 비재무성과를 진단하고, MSCI Data 기반의 ESG 벤치마킹을 수행하며, 기업 상황에 맞춘 새로운 ESG 비전과 전략 방향을 수립한다.

둘째, Strategy(전략) 단계에서는 설정된 목표를 달성하기 위한 실행 전략과 추진과제를 도출한다. 여기에는 새로운 제품·서비스를 개발하는 유기적(Organic) 전략, 인수합병과 같은 무기적(Inorganic) 전략, 해외 네트워크의 ESG 리스크 대응 전략, 기후변화 규제 대응전략, 그리고 고객 요구에 맞춘 ESG 대응 전략이 포함된다.

셋째, Management Infra(관리 인프라) 단계에서는 전략을 실제로 실행할 수 있는 내부 관리 체계를 구축한다. 이 과정에서 이사회 중심의 ESG 운영체제를 마련하고, ESG 관련 프로세스를 제도화하며, ESG 성과를 달성할 수 있는 인재(HR) 관리 방안을 수립한다.

마지막으로, Stakeholder Communication(이해관계자 소통) 단계에서는 ESG 관련 정보를 대내외에 투명하게 공개하고, 이해관계자들과 적극적으로 소통하는 체계를 확립한다. 이를 위해 ESG

정보공시, Eco/Climate Index 개발, ESG 이니셔티브 활동 등을 수행하여 기업의 신뢰성과 책임성을 강화한다.

결국 이 네 단계는 기업가치 제고와 ESG 기반 전략 이행을 동시에 달성하기 위한 종합적인 로드맵이라 할 수 있다.

2.2 목적(Purpose), 가치(Value), 사명(Mission), 비전(Vision)

많은 글로벌 기업들은 ESG 경영을 실천하면서, 기존에 가지고 있던 목적·가치·사명·비전을 다시 정의하고 있다.

▪ 목적(Purpose)

목적은 "조직이 왜 존재하는가?"라는 질문에 대한 답이다. 이는 내부 임직원뿐만 아니라 고객, 투자자, 지역사회 등 외부 이해관계자에게도 가장 먼저 인식되는 부분이다. 예를 들어, 어떤 기업은 '지속가능한 에너지를 제공해 인류의 미래를 밝힌다'라는 목적을 설정할 수 있다.

▪ 가치(Value)

가치는 조직이 어떤 행동방식을 추구하는지를 보여준다. 조직 내부의 의사결정 기준이자 외부 이해관계자와 상호작용할 때 지켜야 하는 핵심 원칙이다. 가치는 짧지만 명확하게, 그리고 구체적인 기대 행동을 포함하여 제시된다. 예를 들어, '정직, 혁신, 환경 책임'과 같이 간결하고 핵심적인 문장으로 표현한다.

■ **사명(Mission)**

사명은 조직이 구체적으로 무엇을 하는지 설명한다. 매일의 활동과 사업 영역을 정의하며, 이해관계자들에게 조직의 역할을 알리는 기능을 한다. 사명 선언문은 이사회가 조직의 목표와 방향성을 명확히 설정하고 이를 모든 주요 이해관계자에게 전달할 기회를 제공한다.

■ **비전(Vision)**

비전은 조직이 장기적으로 어떤 영향력을 미치고자 하는지를 보여준다. 다시 말해, 목적을 성공적으로 달성했을 때 그 결과가 어떤 모습일지를 그린 미래상이다. 예를 들어, '탄소중립을 달성해 지속가능한 사회를 만든다'는 문장이 비전이 될 수 있다.

이 네 가지 요소는 각각 별개로 존재하는 것이 아니라, 서로 유기적으로 연결되어 기업의 방향성과 정체성을 확립하는 데 핵심적인 역할을 한다. ESG 경영에서는 이러한 요소들을 재정립하여, 지속가능성과 책임경영을 기업문화와 전략에 깊이 반영하는 것이 필수적이다.

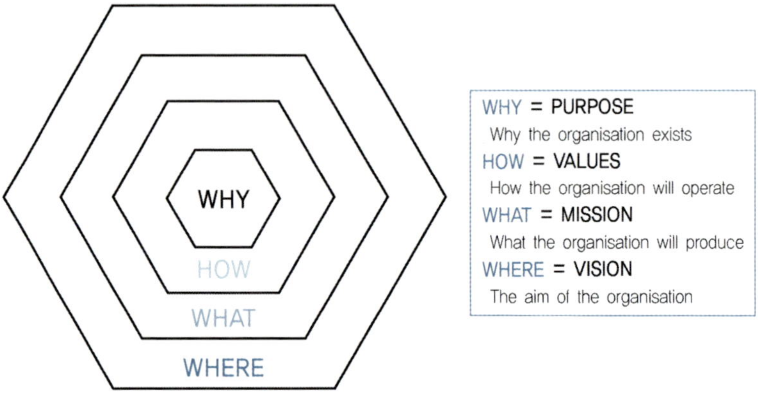

[그림 3-5] 목적, 가치, 사명, 비전

출처 : Enacting Purpose Initiative, Enacting Purpose Within The Modern Corporation : A Framework for Boards of Directors 12-14(2020)

2.3 ESG 전략 실행계획 수립 방안

기업이 ESG 경영을 효과적으로 추진하려면, 단순한 선언이 아니라 조직의 상황에 맞는 현실적인 실행과제를 단계별로 도출해야 한다. 이를 위해서는 ESG 경영 수준 진단, ESG 경영 전략 수립, ESG 경영 관리체계 수립이라는 세 단계의 추진 과정이 필요하다.

구분	내 용
ESG 경영 수준 진단	1. ESG 동향·타기관 사례 조사 및 주요 평가기준 분석
	2. ESG 외부 경영환경 및 내부 환경·현황 분석
ESG 경영 전략 수립	1. 중장기 ESG 경영 전략 로드맵 수립 및 전략과제 발굴
	2. ESG 리스크 관리 방안 및 개선방안 마련
ESG 경영 관리체계 수립	1. ESG 경영 진단 Tool 개발
	2. 내부 성과평가 연계 방안 등 경영 관리 방안 마련

즉, 기업은 먼저 현 수준을 정확히 진단하고, 그 결과를 바탕으로 구체적인 전략과제와 로드맵을 만들며, 이를 지속적으로 실행·관리할 수 있는 관리체계를 갖추어야 한다. 이렇게 해야 ESG 경영이 단기 이벤트가 아니라 장기적 경쟁력으로 자리잡을 수 있다.

■ ESG 경영 수준 진단

① ESG 경영 환경(외부) 분석 및 벤치마킹

- **ESG 관련 글로벌 및 정부정책 및 관련 법률, 제도 도입현황 및 도입계획 분석**
- **글로벌 동향 분석 :** 국가, 글로벌 세계기구의 ESG 관련 정책, 협약, 선언 등 분석
- **글로벌 ESG 도입 현황 및 고도화 사례 분석 :** ESG 경영 도입 시기, 주요 추진전략, 관련 제도 등 운영 현황

② ESG 동향, 타 기관 사례 조사 및 주요 평가기준 분석

- **ESG 관련 국내·외 동향 조사 :** 국내·외 ESG 및 유사 개념, 주요 이슈 등 파악
  - CSR, 사회적 가치, 지속가능 경영 등 유사 개념과의 연계성 및 트렌드 변화 비교 분석 등
- **타 기관 사례 조사 :** ESG 경영 적용 현황 조사
- **ESG 국내·외 주요지표 및 평가기준 조사 및 분석**
  - 국제 : ESG 관련 국제표준지표(ISO, GRI 등) 분석
  - 국내 : ESG 공시항목 등

③ ESG 외부 경영환경 및 해당 기업 내부 환경·현황 분석

- ESG 외부 경영환경 분석
  - 국내·외 ESG 정책·언론 동향 등 현황 파악 : 민간 및 공공 기관 정책 현황, ESG 채권 시장 현황 등
  - 기업의 주요 이해관계자 및 관심 사항 파악
- 기업 내부 환경·현황 분석
  - ESG 경영 추진 관련 한계 요인 등 검토
  - ESG 관련 사업·사규 등 현황 파악
- 내외부 현황 분석에 따른 문제점 도출

■ ESG 경영 전략 수립

① 중장기 ESG 경영 전략 로드맵 수립

- 내부 환경·현황 분석
- 중장기 전략과제를 ESG 경영 기준으로 포트폴리오 재구성, ESG 경영을 위한 맞춤형 전략과제 신규 발굴 : ESG 요소별 SWOT 분석을 기초로 ESG 리스크관리 전략 수립 및 세부 Action Plan 등 로드맵 제시
- 중장기 경영목표 설정방안 모색
- 세부 전략과제별 ESG 요소단위(환경/사회/지배구조) 추진 효과

② 중장기 ESG 경영 전략 로드맵 수립 및 전략과제 발굴

- 중장기 ESG 경영 전략 로드맵 수립
  - ESG 비전, 핵심가치 및 경영목표 등 제시 : 중장기 경영 전략 계획, 사회적 가치 전략, UN-SDGs 등 연계성을 고

려한 경영 전략 제시

- ESG 경영을 위한 사업포트폴리오 개선 방안 도출
  - ESG 경영 모델 실현을 위한 사업포트폴리오 조정안 도출
  - 사업포트폴리오 이행을 위한 내부 통제·관리체계 개선 방안 도출
- 경영 전략과 연계하여 특화된 ESG 전략(핵심)과제 등 발굴 : 전략과제의 선정 매트릭스(사업영향도, 이해관계자 관심도)를 명확하게 도출

③ ESG 리스크 관리방안 및 개선방안 마련

- ESG 리스크 관리방안 마련
  - ESG 요소별 분석을 통한 리스크 관리 전략 수립 : 필요시 관리과제 발굴 등 제시
- ESG 리스크 개선방안 마련 : ESG 리스크 관리방안과 연계한 개선방안 마련

■ ESG 경영 관리체계 수립

① ESG 경영 관리체계 개발

- ESG 경영 강화를 위한 조직체계 마련
  - ESG 전담조직 운영효과 및 운영방안 제시
  - ESG 위원회 구성 및 운영 세부방안 제시
- ESG 로드맵 기반 목표 지표설정 및 내부 성과평가 연계
  - ESG 관리지표 도출 및 성과측정을 위한 KPI 설정
  - 내부 성과평가 연계방안, 효율적 관리방안 제시

- ESG 경영 수준 수시 점검을 위한 Tool(평가항목 및 기준) 제시 : 기업 자체 개발지수(사회적 가치 구현 지수, 공정상생지수 등)의 활용, 고도화 등을 통해 점검 Tool 마련

② ESG 경영 진단 Tool 개발

- 중장기 ESG 경영 전략과 연계한 진단 체크리스트 제시
- ESG 지표별 세부기준, 평가항목 및 평가기준 등 제시

③ ESG 수준진단 및 평가인증

- ESG 경영 성과 및 미흡 분야 진단, 개선방안 제시
- ESG 기관등급 평가 : 피드백 사항 반영 이후의 ESG 평가 및 인증(평가등급 부여 등)

④ 내부 성과평가 연계방안 등 경영관리 방안 마련

- 중장기 ESG 경영 전략 로드맵에 기반한 지표설정 및 내부 성과평가 연계방안 마련 : ESG 관리지표 도출 및 KPI 제시 등
- ESG 경영 내재화 방안 제시 : 사규 등 제도 개선(안) 등 제언

제4부

생활 속 ESG 실천

1. 일상에서 실천하는 ESG

전 세계는 지구 평균 기온 상승을 억제하기 위해 다양한 계획을 세워왔다. 2010년에는 지구 평균 온도 상승을 2℃ 이하로 제한하자는 목표를 설정했고, 2015년 파리협정에서는 이를 더욱 강화하여 1.5℃ 이하로 유지하기로 합의했다. 이러한 목표를 달성하기 위해 각 국은 2050년까지 탄소 배출을 '순제로(Net Zero)'로 만드는 것을 약속했다. 순제로란 배출한 만큼의 탄소를 흡수해 실질적인 순 배출량이 0이 되는 상태를 의미한다.

대한민국 역시 이 글로벌 노력에 동참하고 있지만, 경제 성장과 산업 활동의 영향으로 온실가스 배출량은 여전히 증가하고 있다. 1990년대에는 급격한 경제 성장과 함께 배출량이 빠르게 늘었고, 2000년대와 2010년대에는 증가 속도가 다소 완화되었으나 여전히 상승세를 보였다. 2022년 기준으로 한국은 세계 13위의 온실가스 배출국이며, OECD 국가 중에서는 6위를 차지하고 있다. 특히 한국의 온실가스 배출은 에너지 사용에서 가장 많이 발생하며, 발전소와 공장 등 산업 부문이 주요 원인이다. 이 외에도 산업공정, 농업, 폐기물 처리 등 다양한 활동에서 배출이 이루어지고 있다.

온실가스 배출은 산업 현장뿐만 아니라 우리의 일상생활과도 밀접하게 연결되어 있다. 건물에서 사용하는 냉난방 에너지, 자동차 운행, 음식 소비, 쓰레기 처리 등 평범한 생활 속 활동이 온실가스 배출을 유발하고, 이는 곧 지구 온난화로 이어진다.

ESG 시대에는 산업 구조뿐 아니라 생활 방식 전반의 변화가 요구된다. 탄소 배출을 줄이는 생활 방식을 사회 전반에 걸쳐 일상적인 문화로 만드는 것이 필요하다. 이를 위해서는 개인의 노력만으로는 한계가 있으며, 가족, 학교, 직장, 지역사회 등 사회의 주요 구성 요소들이 함께 참여하고 변화해야 한다. 예를 들어, 직장에서 한 사람이 플라스틱 컵 대신 개인 컵을 사용하더라도, 주변에서 모두 일회용 컵을 계속 사용한다면 그 노력의 효과를 체감하기 어렵다. 따라서 탄소 감축은 개인 선택에 그치는 것이 아니라 사회 전체가 동참하는 공동의 과제가 되어야 하며, 이를 통해 지속가능한 저탄소 문화를 구축할 수 있다.

따라서 이제는 산업과 정책 차원의 노력에 더해, 우리 일상 속에서 실천할 수 있는 구체적인 ESG 행동 방안을 찾아 실천하는 것이 무엇보다 중요하다.

■ 난방온도 2℃ 낮추고 냉방온도 2℃ 높이기

냉난방기를 효율적으로 사용하면 전기 사용을 줄이고 집안의 온도도 쾌적하게 유지할 수 있다.

실천방법

- **적정 실내온도 유지하기**
  여름철에는 실내 온도를 25℃에서 28℃ 사이로, 겨울철에는 18℃에서 20℃ 사이로 설정하는 게 좋으며 에어컨을 켤 때는 온도를 평소보다 2℃ 높게 설정하고, 난방을 할 때는 보일러 온도를 2℃ 낮춰 전력 소모 줄이기
- **온도계 설치하기**
  집안에 잘 보이는 곳에 온도계를 설치해서, 항상 실내온도를 확인할 수 있도록 하면 불필요하게 난방이나 냉방을 과하게 사용하지 않음

- **계절에 맞는 옷 입기**
  여름에는 시원한 옷을, 겨울에는 따뜻한 옷을 입어서 체온을 조절하는 것으로 겨울에는 내복, 수면양말, 무릎담요 같은 보온용품을 사용하면 실내온도를 높이지 않고도 따뜻하게 지낼 수 있음
- **에어컨과 선풍기는 함께 사용하기**
  에어컨을 사용할 때 선풍기도 함께 켜서 에어컨의 차가운 바람이 방 안에 잘 퍼지도록 하며 이때 선풍기의 바람 방향을 에어컨 바람과 같게 맞추면 더 효과적임
- **커튼으로 햇빛 차단하기**
  집안으로 들어오는 햇빛을 막기 위해 창문에 커튼을 치면 여름에는 실내가 더워지는 것을 막고, 에어컨을 덜 사용할 수 있음

에어컨이나 난방기의 온도를 2도만 조절해도 연간 전력 소비량이 줄어들어 이산화탄소 배출도 적어지게 되는데 예를 들어, 전국에는 대략 2천만 가구가 있는데, 이 중 10%인 약 200만 가구가 온도 조정을 실천한다고 하면 약 3,800만 그루의 나무를 심는 것과 같은 효과가 있다.

온실가스 감축		
가구당	연간 이산화탄소 감축량	166.8kg
국내 가구 10%	연간 이산화탄소 감축량	348,462t
	경제적 효과	85.8억 원
	나무 심는 효과	38,292,527그루

※ 산출정보
- 감축원단위 : 냉·난방온도 조정에 따른 이산화탄소 감축량 합산
  - 연간 에어컨 전력소비량에 2℃ 조정에 따른 에너지절감률을 적용하여 산출
  - 연간 가구당 도시가스 사용량에 2℃ 조정에 따른 에너지절감률을 적용하여 산출
- 10% 기준 : 국내 총가구(20,891,000가구)의 10% 적용(2019 인구주택총조사)

■ 창틀과 문틈 바람막이 설치하기

창문이나 문 사이에 틈이 있으면 집안의 따뜻한 공기가 바깥으로 빠져나가기 쉽고, 차가운 공기가 안으로 들어올 수 있어서 집안을 덥거나 춥게 유지하는 데 더 많은 에너지가 필요하게 된다. 이를 예방하기 위해 문풍지, 에어캡, 방풍비닐, 틈막이, 단열벽지 등 단열 제품을 사용하여 틈을 막는 것이 중요하다.

이러한 조치들을 취함으로써 집안의 열 손실을 줄이고, 연간 도시가스 사용량을 줄임으로써 가구당 이산화탄소 배출량을 크게 줄일 수 있다.

온실가스 감축		
가구당	연간 이산화탄소 감축량	138.3kg
국내 가구 10%	연간 이산화탄소 감축량	288,923t
	경제적 효과	71.1억 원
	나무 심는 효과	31,749,780그루

※ 산출정보

- 감축원단위 : 연간 가구당 도시가스 사용량(난방)에 단열재 사용에 따른 에너지 효율 개선효과를 적용하여 산출
- 10% 기준 : 국내 총가구(20,891,000가구)의 10% 적용(2019 인구주택총조사)

■ 디지털 탄소발자국 줄이기

'디지털 탄소발자국'이란 우리가 디지털 기기를 사용할 때마다 발생하는 이산화탄소의 양이다. 예를 들어, 스마트폰이나 스마트 기기를 충전할 때, 인터넷을 사용할 때, 영상을 보거나 음악을 스트리밍할 때 데이터를 소비하는 모든 순간에 이산화탄소가 발생

한다. 심지어 기기가 꺼져 있는 듯 보이는 대기 모드일 때도 약간의 전력을 소비하므로 탄소가 배출된다. 이렇게 일상생활 속에서 사용하는 다양한 디지털 기기들이 전력을 소비하면서 발생하는 이산화탄소가 모여 '디지털 탄소발자국'을 형성하고 있다.

실천방법

- 디지털 기기 사용 시간 줄이기
- 디지털 기기의 화면 설정을 '절전 모드'로 바꾸거나 밝기를 낮춰 전력 소비 줄이기
- 동영상은 스트리밍보다는 직접 다운로드 받아 시청하기
- 사용하지 않는 이메일은 삭제하고 광고나 스팸 메일을 차단하여 저장해야 할 데이터양 줄이기

우리가 디지털 기기를 통해 이용하는 데이터들은 데이터센터에 저장되며, 이러한 데이터센터는 서버와 네트워크 설비를 운영하여 방대한 양의 데이터를 보관하고 처리한다. 데이터센터는 데이터를 처리하고 저장하는 컴퓨터 시설로, 서버가 작동하고 열을 식히기 위한 냉방 설비가 가동되는 등 많은 전력을 소모한다. 따라서 불필요한 데이터를 줄이는 만큼 데이터센터의 전력 소모도 줄일 수 있다.

디지털 기기를 사용할 때마다 얼마나 많은 온실가스가 배출되는지 알아보면, 우리의 작은 행동 하나하나가 지구에 미치는 영향을 더 잘 이해할 수 있다. 환경교육포털 누리집[11)] 자료에 따르면 유튜브를 10분 동안 보면 약 1그램의 온실가스가 배출되고 이메

일 한 통을 보내거나 받을 때는 0.2그램, 인터넷 검색 한 번에는 4그램, 전화통화 1분에는 3.6그램의 온실가스가 배출된다. 우리가 스마트폰으로 데이터 1MB를 사용할 때마다 우리는 11그램의 온실가스를 배출하는 것이다.

이 정보를 통해 볼 때, 매일 사용하는 디지털 기기로 인한 온실가스 배출량이 적지 않다는 것을 알 수 있다. 따라서 디지털 기기 사용을 줄이거나 더 효율적으로 사용하는 방법을 생각해 보는 것이 중요하다.

디지털 기기 사용에 따른 온실가스 배출량		
	유튜브 10분 시청	1g
	인터넷 검색	0.2g
	이메일 한 통	4g
	전화통화 1분	3.6g
	데이터 1MB 사용	11g

▪ 음식물 쓰레기 줄이기

우리나라에서는 매년 약 522만 톤의 음식물 쓰레기가 발생하고 있다. 이 중에서 가장 많은 부분을 차지하는 건 가정에서 나오는 음식물 쓰레기로, 전체의 76%에 해당한다. 이어서 음식점에서 나오는 음식물 쓰레기가 17%, 사업장에서 발생하는 양이 7%를 차지하고 있어 가정에서 나오는 음식물 쓰레기가 전체 발생량의 대부분을 차지한다는 것을 알 수 있다. 따라서 음식물 쓰레기를 줄이기 위한 노력이 가정에서부터 시작되어야 할 필요성이 크다.

11) 환경교육포털 누리집(https://www.keep.go.kr)

대한민국 인구를 약 51,779,203명으로 가정하고 인구의 10%인 약 5,177,920명이 음식물 쓰레기를 30% 줄인다면 개인이 연간 4.3kg의 이산화탄소를 줄일 수 있다. 이들의 감축 효과를 나무 심는 것으로 비유하면 대략 2,446,703그루 나무를 심는 것과 같은 효과가 있다. 음식물 쓰레기는 버려지지 않고 여러 가지 유용한 방법으로 재활용될 수 있다. 우선, 음식물 쓰레기는 사료로 변환하여 농장에서 동물들이 먹는 사료를 만드는 과정에 사용되기도 하고 음식물 쓰레기를 퇴비화 공정을 통해 풍부한 영양을 가진 퇴비로 만들어 농작물이 자라는 데 도움을 줄 수 있다. 더 나아가, 음식물 쓰레기는 바이오 가스화 과정을 통해 에너지로도 변환될 수 있다. 이 과정에서 생성된 가스는 자동차 연료로 사용되거나 발전소에서 전기를 만드는 데 활용될 수 있다.

실천방법

- **식단 계획하기**
  한 주 동안 무엇을 먹을지 미리 계획해서 필요한 식재료만 구매해서 불필요하게 많은 식재료를 사서 낭비하는 일 줄이기
- **식재료 나누어 보관하기**
  구입한 식재료는 한 끼에 필요한 양만큼 나누어서 투명 용기에 담아 냉장고에 보관하여 필요한 양만큼 요리해 음식 낭비 예방하기
- **인원에 맞춰 주문하고 반납하기**
  음식점에서 음식을 주문할 때 먹을 수 있는 만큼만 주문하고, 먹지 않을 반찬은 미리 반납
- **음식 남기지 않기**
  음식은 가능한 다 먹으려고 노력하고, 남은 음식은 다회용 용기에 담아오기

- **채소 부피 줄이기**
  길이가 긴 채소나 큰 수박껍질 같은 것은 잘게 썰어서 부피를 줄여 배출하여 쓰레기통 배출 공간 확보
- **찌개류 쓰레기 국물 제거하고 처리**
  찌개류를 먹고 남은 국물은 따로 버리고, 고체물은 물기를 꼭 짜낸 후 배출

이렇게 음식물 쓰레기를 줄이는 행동 하나하나가 큰 환경적 이익으로 이어지며, 우리 모두의 작은 노력이 지구 환경을 보호하는 데 큰 도움이 된다.

온실가스 감축		
가구당	연간 이산화탄소 감축량	4.3kg
국내 인구 10%	연간 이산화탄소 감축량	22,265t
	경제적 효과	5.5억 원
	나무 심는 효과	2,446,703그루

※ 산출정보
- 감축원단위 : 1인당 연간 음식물 쓰레기 온실가스 배출량에 음식물 쓰레기 감축률을 적용하여 산출
  - 음식물 쓰레기를 30% 줄이는 것으로 가정하여 산출
- 10% 기준 : 국내 총인구(51,779,203명)의 10% 적용(2019 인구주택총조사)

■ 우리 지역 식재료 이용하기

음식을 만드는 데 사용하는 재료들은 생산부터 우리 집까지 오는 과정에서 많은 온실가스를 배출한다. 외국에서 수입된 식재료는 비행기나 배를 타고 오기 때문에 많은 에너지를 사용하고 그만큼 많은 온실가스를 배출하게 되지만 우리나라에서 자라난 식재

료는 국내에서 짧은 거리를 이동하기 때문에 온실가스 배출량이 훨씬 적으며 가까운 지역에서 생산된 농산물을 구매하는 것도 에너지 사용과 온실가스 배출을 줄일 수 있는 좋은 방법이다.

이렇게 지역에서 생산된 식재료를 사용하는 것은 우리 환경을 보호하는 데 도움이 되고, 운송 과정에서 발생하는 온실가스 양을 줄이는 데 효과적이다. 그래서 우리가 식재료를 선택할 때는 수입산보다는 국내산을, 먼 거리보다는 가까운 곳에서 생산된 것을 구매하는 습관을 가져야 한다.

실천방법

- **국내산 농·축·수산물 구입하기**
  슈퍼마켓이나 마트에서 쇼핑할 때, 외국에서 수입된 농산물 대신에 우리나라에서 생산된 농축수산물을 구매하면 먼 거리를 이동하지 않아서 환경에 덜 해롭고, 우리 농어민을 도울 수 있음
- **지역 농산물 매장 이용하기**
  로컬푸드 매장이나 직거래 장터를 이용해 지역에서 직접 재배한 신선한 농산물을 구입할 수 있고 지역 농민들이 직접 재배한 제품을 판매하기 때문에, 농산물이 신선하고 운송 과정에서 발생하는 탄소 배출도 줄일 수 있음
- **집에서 채소 직접 키우기**
  집에서 작은 텃밭이나 화분을 이용해 채소를 직접 키우면 식재료를 사러 가는 길에 발생하는 온실가스를 줄일 수 있고, 직접 키운 건강한 채소를 먹게 됨

우리나라에서 소비되는 전체 소고기 중에서 37%는 국내산이

고, 63%는 수입산인데 만약 수입산 소고기를 먹는 양 중 20%만 국내산으로 바꾼다면, 우리나라 전체 인구 중 10%가 이렇게 바꾸는 것을 가정하면 각 사람이 일 년 동안 약 130.8kg의 이산화탄소를 줄일 수 있다. 이것을 우리나라 전체 인구의 10%에 적용하면, 일 년 동안 총 677,272ton의 이산화탄소를 줄일 수 있게 되어 74,425,495그루 나무를 심는 효과와 같다.

온실가스 감축		
1인당	연간 이산화탄소 감축량	130.8kg
국내 인구 10%	연간 이산화탄소 감축량	677,272t
	경제적 효과	166.7억 원
	나무 심는 효과	74,425,495그루

※ 산출정보
- 감축원단위 : 국내산 소고기와 수입산 소고기의 온실가스 배출량 차이를 바탕으로 도출
  - 국내 전체 소고기 소비 비중(국내산 소고기 37%, 수입산 소고기 63%)에서 수입산 소고기 소비량 중 20%를 국내산 소고기로 소비한다고 가정
- 10% 기준 : 국내 총인구(51,779,203명)의 10% 적용(2019 인구주택총조사)

■ 중고제품 이용하고, 안 쓰는 제품 나눔하기

중고 제품을 사용하는 것이 환경에 좋은 이유는 우리가 더 이상 필요로 하지 않는 물건들이 다른 사람에게는 여전히 유용할 수 있다. 책상을 새로 사지 않고 누군가가 쓰던 책상을 다시 사용한다면, 새 책상을 만드는 데 필요한 목재를 베지 않아도 되고, 제작 과정에서 발생하는 온실가스도 줄일 수 있다.

새 제품을 생산할 때는 원료 채취, 제품 제조, 운송 과정에서 많은 에너지가 사용되고, 그 과정에서 이산화탄소와 같은 온실가스

가 대량으로 배출되지만, 중고 제품을 재사용하면 이러한 제조 과정을 거치지 않아 자연스럽게 온실가스 배출을 감소시킬 수 있다.

실천방법

- **필요성이 다한 물건을 버리기 전에 중고거래나 나눔장터에서 쓰임새 찾기**
  물건을 쓰다 보면 언젠가 필요 없어질 때가 있는데 이때 바로 버리기 전에, 다른 사람이 필요로 할 수도 있으니 중고거래 사이트나 지역의 나눔장터를 이용해 누군가에게 새로운 가치를 제공
- **물건 구매 전에 꼭 필요한지, 중고물품으로 구매할 수 있는지 확인**
  물건을 사야 할 때, 정말 필요한지 한 번 더 생각해보고 필요하다면 중고품 구매를 통해 새 제품을 만드는 과정에서 발생하는 환경오염을 줄임

따라서 중고 제품을 재사용함으로써 우리는 새 제품을 생산하는 데 필요한 자원과 에너지를 절약하고, 환경을 보호하는 데 기여할 수 있다.

온실가스 감축: 중고제품 사용에 따른 온실가스 배출량 감소	
참고 : 중고 거래, 기부 사례	

동묘 구제시장	아름다운가게

출처 : 서울정보소통광장(2020), 도심 속 보물상자 '동묘 구제 시장' 레트로 감성 물씬(좌); 서울시 공식 관광정보 누리집, 아름다운가게(우)

■ **자가용 대신 대중교통 이용하기**

우리나라에 등록된 모든 자동차 중에서 개인이 사용하는 자가용이 전체의 약 92.4%를 차지하고 있다. 사람들이 자가용을 이용하면 많은 양의 온실가스가 발생하게 된다. 따라서 자가용 대신에 버스나 지하철과 같은 대중교통을 사용하면 온실가스 배출을 줄일 수 있다.

실천방법

- 버스(시내·마을버스, 시외·고속버스 등), 지하철, 기차 등 대중교통 적극 이용하기

하루에 30km를 주행하는 자가용이 있다고 가정할 때, 한 주에 한 번만 대중교통을 이용하면 1대당 연간 285.4kg의 이산화탄소 배출을 줄일 수 있다. 우리나라에 등록된 자가용은 약 1,800만 대인데, 이 중 10%인 약 180만 대가 이렇게 대중교통을 이용하면 연간 약 51만 5천ton의 이산화탄소를 줄일 수 있다. 이는 마치 5,677만 그루의 나무를 심은 효과와 비슷하다. 대중교통을 이용하면 환경 보호에도 도움이 되고, 자동차로 인한 교통체증도 줄일 수 있다.

온실가스 감축		
승용차 1대당	연간 이산화탄소 감축량	285.4kg
국내 등록된 자가용 승용차 10%	연간 이산화탄소 감축량	515,767t
	경제적 효과	127억 원
	나무 심는 효과	56,677,692그루

※ 산출정보
- 감축원단위 : 주 1회 휘발유 사용 자동차 대신 대중교통을 이용하는 효과 산출
  - 1일 평균 주행거리를 30km로 가정
- 10% 기준 : 2019년 기준 자가용 승용차 등록대수 18,071,723대의 10% 적용

■ 청구서, 영수증 등 전자 제공 서비스 이용하기

종이 영수증을 사용하는 것은 여러 가지 문제를 일으킬 수 있다. 많은 양의 종이를 사용하기 때문에 나무를 많이 베어야 하고, 이는 자원 낭비와 환경오염을 초래한다. 또한 종이 영수증은 개인정보가 적혀 있어 버려지면 누군가가 이를 이용해 개인정보를 빼낼 수 있다. 이런 문제들을 해결하기 위해 모바일 앱을 통해 전자 영수증을 받는 방법을 사용하면 종이를 사용하지 않아 자원을 절약하고 환경오염을 줄이며, 보안이 강화되어 개인 정보 유출의 위험도 낮출 수 있다.

실천방법

- **대형마트, 백화점에서 물품 구매 시 전용 앱으로 전자영수증 받기**
  대형 매장들은 전용 애플리케이션(앱)을 통해 전자영수증을 제공하고 있어 이 앱을 통해 전자영수증 받기
- **전자영수증 서비스를 제공하지 않으면 불필요한 종이영수증 받지 않기**
  가게에서 전자 영수증 서비스를 제공하지 않을 경우, 굳이 필요하지 않

은 종이 영수증 받지 않기

- **은행거래 시 종이통장 발급받지 않기**
  은행들은 종이통장 대신에 전자 거래 내역을 제공하고 있으며 금융감독원도 종이통장 사용을 점차 줄이기 위해 노력하고 있어, 가능하다면 종이통장 발급 대신 온라인이나 모바일로 거래 내역을 확인하는 방법 선택

한 사람이 한 해 동안 종이 청구서 3장을 전자 청구서로 바꾸면, 연간 36장의 종이를 절약할 수 있고, 종이로 된 영수증을 모두 전자영수증으로 받는다면, 연간 249장의 종이를 더 절약할 수 있다. 우리나라 인구의 10%가 전자 제공 서비스를 이용하여 종이 사용을 줄인다면, 연간 약 3,314ton의 이산화탄소 배출을 줄일 수 있고, 이는 나무를 약 364,176그루 심는 것과 같은 효과가 있다. 따라서 종이를 적게 쓰는 것은 환경을 보호하고 경제적으로도 도움이 되는 행동이다.

온실가스 감축		
1인당	연간 이산화탄소 감축량	0.64kg
국내 인구 10%	연간 이산화탄소 감축량	3.314t
	경제적 효과	8천만 원
	나무 심는 효과	364,176그루

※ 산출정보

- 감축원단위 : 1인당 종이청구서를 월 3건, 12개월간 줄이고 종이청구서 1건에 사용되는 종이를 A4용지 1장으로 가정하였으며, 연간 1인당 발행되는 종이영수증을 전자영수증으로 전환한다고 가정
- 10% 기준 : 국내 총인구(51,779,203명)의 10% 적용(2019 인구주택총조사)

■ **종이팩 자원재활용률을 높이는 자원순환 거점(Loop Cluster) 참여하기: project RE**

종이팩은 연간 약 7만5,000톤이 출고되고 있지만, 대부분 종이류에 택배박스, 피자박스와 섞이거나 종량제 봉투에 일반쓰레기로 버려져 재활용되지 못하고 있는 실정이다. 2023년 한국순환자원유통지원센터의 재활용의무이행 실적공시자료에 따르면 '종이팩 재활용률은 13%'에 그치고 있다. 이에 공공기관 ESG 컨설팅 전문기업인 CSR Impact는 지구의 날, 환경의 날, 자원순환의 날과 같은 일회성 캠페인을 넘어, 폐기물 배출 거점별 특성을 반영한 전국 확산형 재활용 실천모델을 기획하고 있다.

CSR Impact는 폐기물 발생량을 배출처 단위로 관리하는 ESG 컨설팅 체계를 아래 그림과 같이 구축하여, 기업과 공공기관의 본사 및 지역본부, 대학 캠퍼스, 아파트 단지, 컨벤션센터, 지역 축제와 마라톤 대회 등 다양한 생활·산업 공간으로 확장을 추진하고 있다.

환경분석
사업장 기존 폐기물 관리체계 분석(관리부서, 수거업체 현황)

자원순환 기획
사사업장 재활용 품목을 결정하고 폐기물 재활용률 높이기를 위한 자원순환 수거체계 구축

실행
임직원 환경교육 인식개선, 수거주기와 물류 최적화

성과측정
개인, 거점, 지역별 DB tracking, 폐기물 배출현황 및 재활용률, 자원화된 환경효과 성과관리

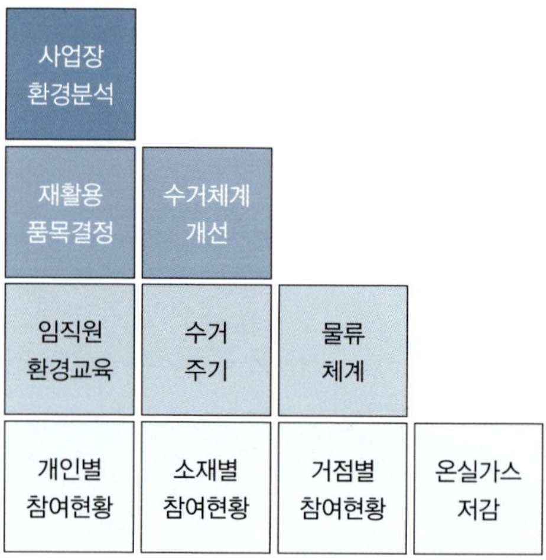

실천방법 1

철도기관 최초 코레일유통 종이팩 선순환 시스템 구축

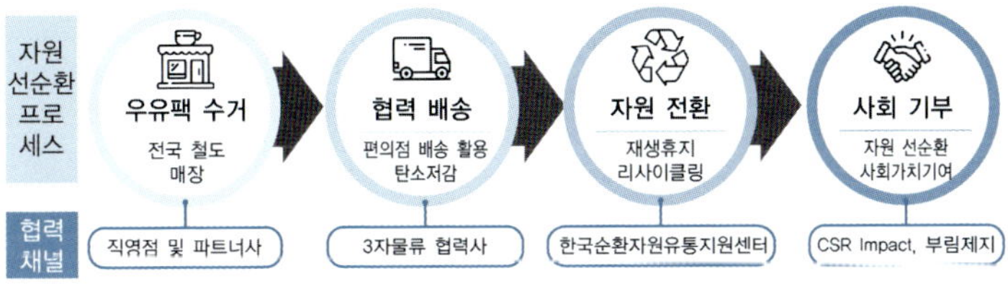

▲ 철도 매장 발생 자원(우유팩) 선순환 프로세스

기업들이 ESG 경영선포를 시작으로 환경문제를 해결하고자 하는 의지가 강했으나 나무심기, 플로깅 환경 캠페인, 재활용 소재를 모아 리워드 굿즈를 만드는 인식개선 활동에 집중하는 한계를 극복하고자 코레일유통과 협력(2022)하여 전국 주요 기차역사 내 코레일유통 직영 프랜차이즈 카페 12곳을 시작으로 종이팩 배출 데이터 관리 시스템 project RE를 구축하고, 2025년 10월 기준 58개 거점으로 확대되었다.

실천방법 2

- **인천도시공사 기업거점 자원순환 구축**

임직원 ESG 경영교육과 본사 사옥거점에서 임직원 부서별 참여, 관리 중인 임대아파트 단지, 사회복지기관, 어린이집을 중심으로 시민 참여형 자원순환 캠페인

- **SK증권 본사 사옥, 대구, 부산, 창원, 울산, 포항지사 자원순환 시스템 구축**

- **제주국제컨벤션센터와 제주도개발공사, CSR Impact 다자간 협약**

MICE 업계의 ESG 경영선포로 친환경 부스사용 등을 권유하고 있으나 강요할 수 없는 현실에서 실제 폐기물 모니터링 및 폐기물 배출량 관리 필요 MICE 연관된 컨벤션 기획업체, 부스 설치업체, 관련 산업 등에 ESG가이

드라인을 마련하여 행사 주관사와 행사 개최시 발행하는 폐기물과 고품질 자원재활용률이 높은 소재로 선별될 수 있도록 행사 프로그램 동안 안내방송과 인식개선을 위한 캠페인을 병행하여 폐기물 배출거점인 컨벤션 공간에 맞춤형 시스템 구축
컨벤션센터의 여러 부서가 유기적으로 협력하여 소각되거나 매립되는 폐기물 절감

2. ESG 창업의 국내 · 외 사례

2.1 ESG 창업 배경

기업 경영에서 ESG는 더 이상 선택적 고려사항이 아니라, 경영의 핵심 축으로 자리 잡은 필수 요소이다. ESG 경영은 단순히 '착한 기업'을 지향하는 차원을 넘어, 중·장기적인 리스크를 예방하고 새로운 사업 기회를 창출하는 전략적 경영 방식으로 발전하고 있다.

글로벌 시장에서는 ESG가 규제와 함께 국가, 금융, 기업에 강한 압력으로 작용하고 있으며, ESG를 통해 수익을 창출하는 생태계가 이미 구축되고 있다. 특히 4차 산업혁명의 핵심인 디지털 전환과 ESG를 결합해 혁신을 이루는 사례가 증가하고 있다.

소비 트렌드 역시 변화하고 있다. 소비의 중심 세대인 MZ세대는 단순한 제품 기능이나 가격을 넘어, 자신이 소비하는 상품이 어떤 과정을 거쳐 만들어졌는지, 그 과정이 환경과 사회에 어떤

영향을 미쳤는지를 알고 싶어 하는 '가치 소비'를 중시한다. 이러한 흐름 속에서 전 세계 투자자들은 책임투자원칙(UN PRI)에 따라 ESG를 실천하는 스타트업과 기업을 발굴해 투자하고 있다.

특히 수출 중심의 경제 구조를 가진 우리나라의 경우, EU를 비롯한 주요 시장에서 법률로 제정되고 있는 다양한 ESG 규제는 반드시 극복해야 할 도전 과제다. 그러나 동시에 ESG는 창업과 일자리 창출이라는 새로운 기회를 제공한다. ESG가 '뉴노멀(New Normal)'로 자리 잡음에 따라 관련 창업 기회가 급증할 것으로 예상되며, 전 세계 ESG 투자 규모는 2020년 기준 약 40조 5,000억 달러(약 43,000조 원)로, 2012년에 비해 3배 이상 성장했다. 국내·외 주요 기업들 역시 ESG 경영과 투자를 확대하고 있으며, 특히 국내에서는 환경·사회 분야 중심으로 ESG 스타트업 투자가 활발히 이뤄지고 있다.

국제적으로는 식물성 대체육을 개발하는 미국의 '임파서블 푸드(Impossible Foods)', 음식 공유 플랫폼을 운영하는 영국의 'Olio', 친환경 스마트폰을 제작하는 네덜란드의 'Fairphone' 등이 대표적인 ESG 스타트업으로 꼽힌다. 국내에서도 ESG 창업이 확산되는 가운데, 청년 일자리 창출이 중요한 시점에서 청년 세대가 주도적으로 참여할 수 있는 ESG 창업 생태계를 조성하는 것이 절실하다. 이를 위해 임팩트 투자사인 옐로우독, 소풍벤처스, 한국사회투자, D3쥬빌리 등은 UN 지속가능발전목표(SDGs)에 부합하는 기업에 투자를 진행하고 있으며, 금융권과 대기업도 ESG 스타트업을 발굴·육성하거나 업무협약을 체결하는 사례가 늘어나고 있다.

ESG 투자 중에서도 환경 분야는 가장 많은 비중을 차지하고 있다. 그 이유는 환경 분야는 성과 지표를 수치로 명확하게 측정할 수 있고, 이를 통해 재무적인 성과까지 기대할 수 있기 때문이다. 예를 들어, 탄소배출량 감축, 에너지 효율 향상, 재생에너지 비율 확대 등은 모두 정량적인 지표로 평가가 가능하며, 장기적으로 비용 절감과 매출 증대 같은 재무적 이익을 가져올 수 있다.

우리 정부도 기후 변화와 환경 문제에 적극적으로 대응하고 있다. 2010년 「저탄소녹색성장 기본법」을 제정한 것을 시작으로, 2050년 탄소중립 계획을 공식적으로 발표했다. 2020년에는 '2050 장기저탄소발전전략(LEDS)'과 '2030 국가온실가스감축목표(NDC)'를 새롭게 갱신했으며, 2021년에는 이 NDC 목표를 한 단계 더 상향 조정하여 국제 사회의 탄소 감축 노력에 부응하고 있다. 환경 분야 창업 투자 사례를 살펴보면, 다음과 같은 유형이 있다.

- **AI 기반 가상발전소 운영**: 친환경 전력의 발전량과 사용량을 예측하고, 이를 효율적으로 분배하여 에너지 낭비를 줄이는 사업
- **친환경 물류 혁신**: 도시 내 소규모 화물 배송에 적합한 이륜 전기차를 개발하여, 내연기관 차량으로 인한 배출가스를 줄이는 사업
- **혁신적인 냉각기술개발**: 최소한의 에너지를 사용하면서 물을 전혀 사용하지 않는 새로운 냉각 방식으로, 물과 에너지 사용량을 동시에 절감하는 기술

이처럼 환경 분야는 기술 혁신과 ESG 가치 실현이 동시에 가능하고, 투자 대비 효과를 명확하게 입증할 수 있어 국내·외 투자자들이 가장 주목하는 영역으로 자리 잡고 있다.

사회 분야와 관련된 창업은 이미 오래전부터 사회적 기업이나 사회적 협동조합과 같은 다양한 형태로 존재해 왔다. 과거에는 주로 인권 보호, 지역사회와의 관계 강화, 사회적 취약계층 지원, 고용 창출 등에 초점을 맞춘 사업이 많았다. 예를 들어, 취약계층을 직접 고용하거나, 사회문제 해결을 핵심 목표로 하는 형태가 대표적이었다.

하지만 최근에는 사회 분야의 범위가 넓어지고 있다. 고객 복지 향상, 데이터 안전성 강화, 디지털 포용과 같은 새로운 사회적 가치가 중요해지고 있으며, 국내에서는 특히 사회적 가치를 기반으로 한 투자가 활발히 이루어지고 있다. 즉, 단순히 수익 창출이 아니라, 사업의 본질 속에 사회 문제 해결을 녹여내는 모델이 늘어나고 있는 것이다.

사회 분야 창업 투자의 구체적인 예로는 다음과 같은 사례가 있다.

- **취약계층 고용 물류서비스업**: 경제적 어려움을 겪는 취약계층을 고용하여 물류 업무를 수행함으로써 고용 문제와 물류 인력 부족 문제를 동시에 해결하는 사업
- **휠체어 보조 시스템 개발**: 장애인의 이동권 보장을 위해 휠체어를 보조하는 첨단 장치를 개발·보급하여 이동의 자유를 높이는 사업

- **발달장애인 예술가 지원 플랫폼**: 발달장애인 예술가의 작품을 활용해 굿즈 상품을 제작·판매하고, 전시회를 개최하여 그들의 창작활동을 사회와 연결하는 사업

이처럼 사회 분야 창업은 시장 문제와 사회 문제를 동시에 해결할 수 있는 강점을 가지고 있으며, ESG 경영의 사회(S) 영역에서 핵심적인 역할을 하고 있다.

2.2 국내 창업 사례

국내 ESG창업 사례는 대기업의 사내벤처형태나 개별적인 스타트업 형태로 이루어지고 있다.

(1) 대기업 사내 벤처형

삼성전자 사내벤처로 출발한 에바(EVAR), 바이오 소재 기업 마이셀(MYCEL), 2021년 포스코 사내벤처로 분사한 카본엔, CJ제일제당 사내벤처 이노백(INNO100) 등이 있다.

■ (주)에바

- **대표자**: 이훈
- **기업구분**: 중소기업
- **업종**: 기타 전기 변환장치 제조업
- **설립일**: 2018. 11. 16.
- **매출액**: 50억~100억 미만(2022. 12. GAAP 개별)
- **종업원**: 20명 미만(2019. 11.)
- **본사**: 경기도 성남시 수정구 창업로 42 919호

삼성전자 사내벤처로 출발한 에바(EVAR)는 폐배터리를 회수해 만든 이동형 전기차 자동 충전 로봇을 개발했다. 에바를 활용하면 충전소를 찾지 않아도 어디서든 손쉽게 충전이 가능하다. 충전기 배터리로 폐배터리를 활용해 친환경적이며, 대용량 배터리를 적용해 완충 시 최대 2~3대의 전기차를 충전할 수 있다.

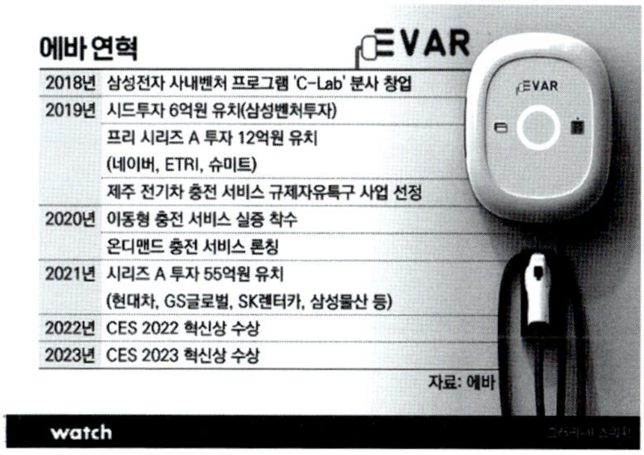

■ (주)마이셀

- **대표자**: 사성진
- **기업구분**: 중소기업
- **업종**: 재생섬유 제조업
- **설립일**: 2020. 3. 9.
- **매출액**: 5억 미만(2021. 12. GAAP 개별)
- **종업원**: 20명~40명 미만(2023. 4.)
- **본사**: 경기 용인시 기흥구 고매로 125

'마이셀(MYCEL)'은 2016년부터 개발에 착수해 친환경 소재인 버섯 균사를 기반으로 차량 복합재, 패브릭 등 소재를 개발하는 바이오 소재 기업으로, 밀레니얼 세대를 겨냥한 디자이너 제품 출시를 준비하고 있다.

버섯 균사는 수입 의존도가 높고 환경오염을 유발하는 기존 화학 소재와는 차별화된 친환경 소재로, 균사 가죽, 대체육 등 다양한 분야에 확장 적용이 가능한 점이 특징이다.

마이셀은 천연가죽이나 합성피혁에 비해 환경오염이 적은 데다 경제성까지 갖춘 버섯 균사를 활용한 식물성 가죽(비건 레더) 사의 선두주자이며, 천연가죽과 비슷한 질감으로 품질도 우수하다.

MYCEL PROJECT
Fungi-inspired start-up

마이셀 프로젝트는 현대자동차 분사 스타트업으로, 곰팡이/버섯균의 생리적, 생화학적, 물리적 특성을 활용, 생물 모방(biomimicry)을 통해 회수 및 순환이 고려된 생물공정을 디자인하고, 다양한 바이오 소재를 개발/생산합니다.

■ (주)카본엔

- **대표자**: 김상현
- **기업구분**: 중소기업
- **업종**: 산업용 가스 제조업
- **설립일**: 2020. 10. 27.
- **매출액**: 미확인
- **종업원**: 미확인
- **본사**: 경북 포항시 남구 청암로 87, 5층 502호(지곡동 체인지업 그라운드)

2021년 포스코에서 분사한 카본엔 역시 사내벤처로 출발했다. 이 회사는 포스코제철소에서 발생하는 이산화탄소를 포집해 고순도 액화탄산가스로 만드는 일을 한다. 액화탄산가스는 탄산음료나 드라이아이스, 용접용 가스 원료로 활용된다.

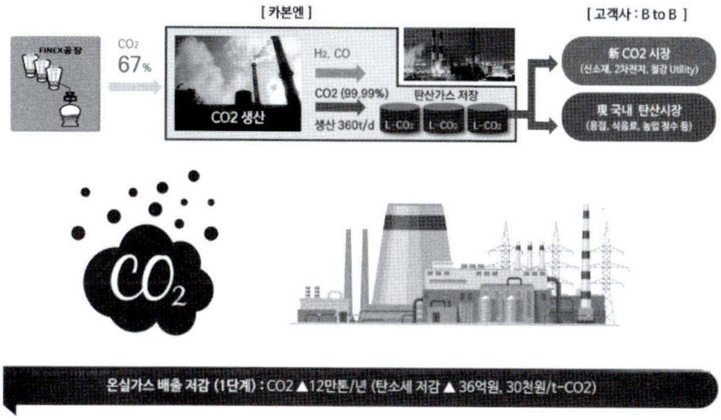

■ (주)이노백

- **대표자:** 한태욱
- **기업구분:** 중소기업
- **업종:** 의학 및 약학 연구개발업
- **설립일:** 2016. 3. 7.
- **매출액:** 5억 미만(2021. 12. GAAP 개별)
- **종업원:** 20명 미만(2022. 12.)
- **본사:** 강원도 춘천시 강원대학길 1 아산관 205호

CJ제일제당은 사내벤처 이노백(INNO100)을 통해 푸드 업사이클과 식물성 대체유 사업화를 확정했다. 푸드 업사이클링은 깨진 쌀, 콩비지 등 식품 부산물을 활용해 제품화함으로써 식품 폐기물을 줄이는 사업으로, 패키징도 쓰고 버린 페트병을 재활용한다.

식물성 대체유는 현미, 콩 등 식물성 재료로 만든 우유 대체식품이다. 두 제품 모두 친환경, 식물성 등 ESG 및 가치소비 트렌드에 따라 성장 가능성이 클 것으로 기대된다.

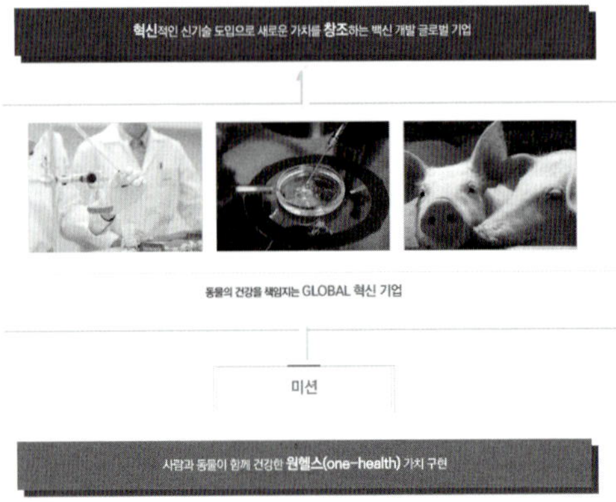

(2) 개별적인 ESG 스타트업

환경(E) 스타트업으로 생분해성 플라스틱을 개발 제조하는 (주)그린바이오, 폐이차전지 분리막을 재활용하여 섬유 원단을 개발하는 리사이클 기업인 (주)라잇루트, 자전거중고거래플랫폼사인 라이트브라더스(주) 등이 있다.

기업소개	그린바이오 greenbiosystem.com
• 대표	한상훈
• 주요사업	플라스틱을 대체할 생분해 친환경 상품 및 생산 자동화 로봇 개발
• 참여사업	2022년 K-스타트업센터, 2021년 아기유니콘 200 등
• 설립일	2016. 11. 01
• 소재지	(본사) 광주광역시 북구 첨단과기로 333 벤처지원센터 201호 (광교사무실) 경기도 용인시 수지고 광교중앙로 338 광교우미뉴브 S306호 (공장) 전라남도 함평군 대동면 동함평산단길 97-20 제1공장 전라남도 함평군 신광면 일강로 560 제2공장 전라남도 함평군 대동면 동함평산단길 97-18 제3공장

기업소개	(주)라잇루트 rightroute.kr
• 대표	신민정
• 주요사업	이차전지 폐분리막을 재활용한 리사이클 고기능 신소재
• 참여사업	2021년 창업도약패키지(SK이노베이션 협업과제 선정)
• 설립일	2016. 10
• 소재지	서울특별시 중구 명동길 73, 603호
기업소개	**라이트브라더스(주) wrightbrothers.kr**
• 대표	김희수
• 주요사업	탄소배출권 연계 자전거 ESG 플랫폼
• 참여사업	2022년 아기유니콘 200, 2021년 TIPS 프로그램 등
• 설립일	2017. 05. 02
• 소재지	서울특별시 서초구 올림픽대로 2085-14(반포동) 새빛섬 1층

출처 : 창업진흥원, ESG 우수사례집(2022.12)

사회적 책임(S) 스타트업은 경제적, 사회적 배경에 상관없이 누구나 잠재력을 발휘할 수 있는 사회를 추구하는 ㈜코드스테이츠, 발달장애 예술가 에이전시 ㈜디스에이블드, 시각장애인의 독립적인 삶, '누구에게나 공평한 기술'로 구현하는 ㈜에스엠플래닛 등이 있다.

기업소개	(주)코드스테이츠 www.codestates.com
• 대표	김인기
• 주요사업	현장에 필요한 IT 직무 교육과 취업연계 서비스
• 참여사업	2021년 아기유니콘 200
• 설립일	2018. 01. 25
• 소재지	서울특별시 서초구 서초대로 396, 강남빌딩 20층(스파크플러스 강남2호점)
기업소개	**(주)디스에이블드 thisabled.co.kr**
• 대표	김현일
• 주요사업	장애인 예술가 에이전시, ESG 올인원 소셜서비스
• 참여사업	2022년 대-스타 해결사 플랫폼
• 설립일	2016. 09
• 소재지	서울특별시 서초구 잠원동 36-16, 2층

기업소개	(주)에스엠플래닛 smplanet.co.kr
• 대표	조현선
• 주요사업	시각장애인 등 디지털 취약계층을 위한 스마트폰 소프트웨어 런처 개발
• 참여사업	2022년 대-스타 해결사 플랫폼, 2020년 창업도약패키지 등
• 설립일	2017. 02. 28
• 소재지	(본사) 충남 아산시 배방읍 희망로 46번길 45-29 (지사) 서울특별시 도봉구 마들로 13길 84

출처 : 창업진흥원, ESG 우수사례집(2022.12)

거버넌스(G) 스타트업은 푸드업사이클링 전문기업인 ㈜리하베스트, 소규모 재생에너지를 통합·관리하는 가상발전소를 만든 식스티헤르츠(주) 등이 있다.

기업소개	(주)리하베스트 www.reharvestshop.com
• 대표	민알렉산더명준
• 주요사업	푸드 업사이클을 활용한 친환경 식품원료 생산 및 이를 기반으로 한 제품생산
• 참여사업	2022년 민관공동 창업자 발굴육성
• 설립일	2019. 08. 14
• 소재지	서울특별시 서초구 논현로 171(양재동) 제일빌딩
기업소개	**식스티헤르츠(주) 60hz.io**
• 대표	김종규
• 주요사업	다양한 종류의 분산전원을 IT 기술로 연결하고 예측·관리할 수 있는 가상 발전소 구축
• 참여사업	2022년 창업도약패키지, 2021년 초기창업패키지 등
• 설립일	2020. 12. 09
• 소재지	서울특별시 중구 명동길 73 6층 602호

출처 : 창업진흥원, ESG 우수사례집(2022.12)

(3) 유망 스타트업

창업진흥원의 제3회 창업기반 ESG실현 우수사례 경진대회에서 선정된 ① 커피박(찌꺼기)을 활용한 업사이클링사 ENF에너지, ② 기름 대신 물로 세탁하는 워터클리닝 (주)청세, ③ 시각장애인용 스마트폰 솔루션 개발사인 (주)에스엠플래닛, ④ 폐분체도료 재활용 연료펠릿 개발사인 (주)뉴올터너티브, ⑤ 방사성 폐기물 리사이클링사인 (주)그린방사선 및 ⑥ 친환경 패키징 '이너보틀' 개발사인 (주)이너보틀 등이 있다.

기업소개	ENF 에너지 (남순덕 대표)
우수 사례명	- 커피박(찌꺼기)을 활용한 연료(연탄, 펠릿, 숯) 제조 및 천연 유약 도자기 제조를 통한 탄소 중립 실천
추진 배경	- 커피 소비량 증가로 인해 커피박(찌꺼기) 및 폐기물 증가 - 그동안 매립.소각되어 온 커피박을 환경보호 및 오염이 상쇄되는 탄소중립 제품 커피박 연료(펠릿)와 천연 유약 도자기로 재탄생
주요 내용	- 커피박은 현재 핸즈 커피(대구 경북 내 가맹점 104개) 본사 외 더치커피 전문 생산 5개 업체와 커피박 연료화를 위한 업무협약 통해 1일 5톤을 직접 수거하여 커피박 연료 펠릿을 생산 판매 중 - 커피박 천연유약은 양구 백자 박물관에 진시 및 내구광역시 녹색 환경과 납품을 시작으로 판매, 커피박을 제공하는 커피숍 대상 1회용 줄이기를 위한 커피박 도자기 유약 머그컵 또는 텀블러제공
기업소개	**(주)청세 (이기태 대표)**
우수 사례명	- 기름으로 세탁하는 드라이클리닝을 대체하는 물로 세탁하는 워터 클리닝
추진 배경	- 드라이클리닝은 세탁 시 사용한 기름을 일반 세탁기처럼 배수하지 않고 회수하여 자동차의 엔진오일처럼 보관한 뒤 수백 번 재사용하여 인체와 환경에 유해함
주요 내용	- (주)청세는 물로 세탁하여도 의류의 수축, 변형 등이 발생하지 않고 매번 새로운 물로 세탁하여 인체와 환경에 안전한 '워터클리닝' 공법 개발

기업소개	(주)에스엠플래닛 (조현선 대표)
우수 사례명	- 시각장애인의 정보 접근성 향상을 위한 시각장애인용 스마트폰 솔루션 개발 및 보급
추진 배경	- 코로나19 이후 급속도로 비대면사회가 발전해 가며 많은 기기가 버튼형에서 터치형으로 바뀌어 가면서 디지털 취약 계층의 최신 기술 사용성이 줄어들며 두려움이 강화됨 - 화면을 보지 못하는 시각장애인에게 만져지지 않는 터치형 디스플레이는 서비스의 이용 제한 - 국내 출시되는 폴더폰의 모델은 단 한 가지로, 단종 우려가 있으며 버전이 낮아 최신 플랫폼을 담기에 한계가 있음
주요 내용	- 시각장애인이 누군가의 도움 없이 편리하게 터치형 스마트폰 이용 가능 - 시각장애인이 스마트폰 이용 시, 불필요하게 노출되는 광고 및 팝업 제거를 통한 정보 접근성 강화 - 촉지스티커를 사용하여 스마트폰 화면을 직접 터치하여 사용하므로 음성명령의 단점 보완
기업소개	**뉴올터너티브 (박동규, 이진욱 대표)**
우수 사례명	- 폐분체도료 재활용 연료펠릿 개발
추진 배경	- 도색공장에서 나오는 폐분체도료의 발생량 증가 - 폐분체도료량 연간 36,000,000kg으로 비용환산시 약 162억 원 - 중국 무단 수출에 의한 기후에너지환경부 내 불법회수 업자 신고건 증가 - 폐분체도료 불법거래 행위 및 무단적치 발생 증가
주요 내용	- 폐분체도료 및 기타 폐자재를 친환경적인 재생산 기술로 환경규율에 따른 합법처리를 하는 비즈니스모델 개발 - 버려지는 폐기물을 수거 및 재생하여 펠릿으로 전환하고 이를 열병합 및 화력발전소의 전력으로 사용할 수 있도록 납품
기업소개	**(주)그린방사선 (박승철 대표)**
우수 사례명	- 방사성폐기물 리사이클링으로 탄소중립 및 국가 영구처분장 수명 연장
추진 배경	- 원전발생 폐활성탄은 처리하지 못하고 장기간 저장 중에 있음 - 방사성 폐활성탄 자체 처분 기준을 만족할 처리 기술이 존재하지 않음
주요 내용	- (주)그린방사선은 원전 발생 폐활성탄을 재사용하여 방사성폐기물 처분 비용 및 활성탄 재구매 비용을 혁신적으로 줄여 탄소중립에 기여하고 국가 자원인 경주방폐장의 수명 연장에 기여함

기업소개	(주)이너보틀 (오세일 대표)
우수 사례명	- 친환경 패키징 이너보틀을 통한 지속가능한 소비 &생산
추진 배경	- 시장에 판매되고 있는 화장품의 90%는 재할용이 안 되는 쓰레기로, 환경 오염 문제를 해결하고자 친환경 패키징 개발 및 양산
주요 내용	- 친환경 용기 패키징을 통한 잔량 최소화, 3병당 1병 환경비용 절감 - 제로웨이스트 실현, 온라인 리필 서비스를 통한 용기 재사용 - 용기 소재의 한계를 넘은 종이 용기 실현

출처: 창업진흥원(2022. 12). ESG 우수사례집

2.3 글로벌 ESG 창업 사례

다양한 형태의 ESG창업이 이루어지고 있는데, 미국 Impossible Food, 영국 Olio 및 네덜란드 Fairphone 등은 국제적으로 유명한 ESG 스타트업이다.

■ 미국 IMPOSSIBLE FOOD

- **대표자**: 패트릭 브라운(Patrick O. Brown)
- **업종**: 내제육 세소
- **설립일**: 2011년
- **매출액**: 4억 4000만 달러(2020년)
- **종업원**: 700명 미만(2023)
- **본사**: 미국(Redwood City)

임파서블푸드는 2011년 미국 스탠포드대 생화학과 패트릭 브라운 교수가 설립한 대체육 제조사다. 콩 등 식물성 재료로 유사 육류를 만들어 스타벅스, 버거킹 등 글로벌 식음료 체인 4만여 개 매장과 월마트·코스트코 등 미국 슈퍼마켓체인 2만여 개 점포에

공급하고 있다.

■ 영국 OLIO

- **대표자** : 테사 클라크(Tessa Clarke)
- **업종** : 음식물, 가정용품 공유 서비스
- **설립일** : 2015년
- **사용자수** : 500만 명(2022년)
- **서비스 지역** : 영 등 50여 개국
- **투자유치** : 4,900만 달러(약 610억 3000만 원)
- **직원(자원봉사자)** : 30,000명
- **본사** : 영국

2016년 올리오 애플레이케이션(앱)이 출시되었다. 올리오 비즈니스 모델의 핵심은 남은 음식물을 폐기물이 아닌 자원으로 생각하고 필요한 사람에게 연결해 준다.

올리오의 매출은 기업 측으로부터 식료품을 수거하고 공유하면서 수수료를 받는다(과거 : 기업은 폐기된 음식물을 처리하기 위해 폐기물 업체와 계약을 하고 비용을 지불).

■ 네덜란드 Fair phone

- **설립자**: 바스 반 아벨(Bas Van Abel)
- **업종**: 스마트 디바이스 제조
- **설립일**: 2013년
- **직원수**: 70명(20개국 출신)
- **Fair Phone 가입자수(소유자)**: 10만 명 이상
- **본사**: 네덜란드

네덜란드의 사회적 기업 페어폰사는 선주문 후제작 방식으로 판매하고 있는 공정무역 스마트 디바이스 제작 기업이다.

모듈형 디자인을 적용한 스마트폰은 페어폰이 최초이다. 전화기의 부품이 고장 나면 쉽게 수리할 수 있고 전화기의 특정 부품이 오래되었을 때 업그레이드가 가능하여 전화기의 수명(4~5년)이 엄청나게 늘어나게 된다.

현재 버려진 휴대폰 대부분은 아프리카, 인도, 중국의 빈민가에서 처리되고 있는데, 어린 아이들이 맨손으로 배터리에서 카드뮴을 골라내고, 젊은 여성들은 달군 회로기판에서 금과 은을 분리하며 치명적 유해가스를 매일 호흡한다.

네덜란드의 사회적 기업 페어폰(Fair phone)은 시민단체와 손잡고 콩고 등 분쟁지역에서 생산되는 휴대폰 원재료 광산을 직접 방문해 노동착취와 환경오염 등을 감시한다. 만드는 과정에서도 안전한 노동환경을 보장하고 있다.

수명이 다한 공정폰을 재활용하거나 안전하게 폐기할 수 있도록 회수 프로그램을 운영, 홈페이지를 통해 부품을 판매하고 수리 방법을 알려 사용자가 휴대전화를 직접 고치도록 유도한다.

■ **기타**

플랜에이(Plan A)는 2017년 독일 베를린에서 설립되었으며, BMW, Trivago, N26, Ganni 등이 지원하는 탄소 배출 및 ESG 보고를 위한 포괄적인 소프트웨어를 제공한다. 창업 이후 2021년 11월 시리즈 A 877만 유로를 포함해 1,130만 유로의 자금을 조달했다.

베르코(Verkor)는 프랑스 전기차(EV) 배터리 및 관련 장비 제조업체이며, Benoit Lemaignan이 2021년에 EV 배터리 산업을 발전시키고 전체 수명주기 동안 지속가능한 배터리를 생산한다는 목표로 설립되었다. 여기에는 배터리에 사용되는 금속 재활용, 생산과 관련된 CO_2 배출 감소, 수명이 끝난 제품 재활용 등이 포함된다.

카본에쿼티(Carbon Equity)는 2021년 Jacqueline van den Ende이 네덜란드 암스테르담에 설립하여 소규모 투자자들에게 환경 및 기후와 관련된 지역에서 운영되는 스타트업을 대상으로 하는 사모 펀드 투자에 대한 기회를 제공한다. 최소 투자 금액은 10만 유로로 설정되어 있으며 환경친화적인 활동과 기후 변화 적응 및 완화에 중점을 두고 있다.

	planA	VERKOR	carbon equity
Established	2017	2021	2021
Head quarters	Berlin, Germany	Grenoble, France	Amsterdam, the Netherlands
Founder(s)	Lubomila Jordanova and Nathan Bonnisseau	Benoit Lemaignan	Jacqueline van den Ende
Key Product	Carbon management SaaS	EV batteries	Providing private equity investment opportunities in companies operating in areas related to the environment and the climate.
Key Success Factors	Early entry to the market and operating with an environmental mindset	Skilled in fundraising and seeking out investment partners	Broad range of investment options
Future Plans	Reduce carbon emissions by 1 Gt per year	To establish a battery gigafactory	To have a positive impact on environmental development

Ceezer는 탄소 배출량을 계산하고 상쇄하는 온라인 플랫폼이며, 탄소 회계 및 보고 기능을 제공할 뿐만 아니라 배출량을 상쇄

하기 위해 자발적인 탄소 시장에 대한 접근도 제공한다. Siemens, Stryber 및 Danish Energy Agency 등 회사의 지원을 받아 왔으며 2022년 9월 420만 유로의 초기 VC 투자를 포함하여 520만 유로의 자금을 조달했다.

Greenly는 2019년 프랑스 파리에서 설립되었으며 모든 사람이 탄소 발자국을 추적할 수 있도록 하는 탄소 추적 기술개발업체이다. Ecovadis, Renault, Tier Mobility, Go Share 및 Tripadvisor 등의 거대 기업을 포함하여 800개가 넘는 회사가 지원하고 있고, 2022년 3월에 2,090만 유로의 시리즈 A 투자를 포함하여 2,390만 유로 자금을 조달했다.

Sweep는 2020년 프랑스 몽펠리에에서 설립되었으며 고객이 플랫폼을 통해 지속 가능성 여정을 계속 이어갈 수 있도록 돕고 있으며, 제품을 통해 기업은 탄소 배출을 이해, 관리 및 보고할 수 있을 뿐만 아니라 실행 가능한 목표를 설정하고 프로젝트 기여를 통해 배출을 상쇄할 수 있다. Ubisoft, Dropp, Swisscom 및 Zapp과 같은 회사의 지원을 받아 왔으며 2022년 4월 시리즈 B 투자에서 6,745만 유로를 포함하여 무려 9,110만 유로의 자금을 조달했다.

Minimum은 런던에 본사를 두고 2020년에 설립되었으며 기업의 지속가능경영을 위해 설계된 탄소회계 플랫폼을 개발한 회사이다. 고객의 지속 가능성 여정을 돕기 위해 기업에 실시간 자동 분석을 제공하며, Octopus Group의 지원을 받아 216만 유로를 모금했다.

Vaayu는 2021년에 설립되었으며 실시간으로 탄소 배출량을 추적, 감소 및 상쇄하도록 설계된 자동화된 소프트웨어를 제공하며, 제품은 특히 소매 소비자를 대상으로 하며 탄소 배출량을 줄이는 데 도움을 준다. Armed Angels, Organic Basics 및 Missoma 등의 지원을 받아 왔으며 2022년 4월 시드 투자 1,063만 유로를 포함하여 총 1,200만 유로를 모금했다.

▪ 아시아

Ride Beam은 Alan Jiang과 Deb Gangopadhyay가 2018년에 설립했다. 이 마이크로 모빌리티 스타트업은 대중에게 전자 스쿠터를 임대하고 있으며, 운송 연료 소비를 감소함으로써 여행과 관련된 환경 영향을 줄이는 데 도움을 주고, 부수적인 이점으로 스쿠터를 사용하여 주요 도시를 여행하는 것이 더 편리하도록 대중교통 네트워크와의 더 나은 통합을 제공한다.

MindX는 온라인으로 코딩을 가르치고 동남아시아 최대 규모의 플랫폼이 되는 것을 목표로 하는 베트남 교육 기술 스타트업이다. 2015년 Tung Nguyen, Ha Nguyen 및 Huy Nguyen에 의해 처음에는 Techkids라는 상호로 설립되었으며 학생들에게 온라인과 오프라인 모두에서 코딩 방법을 가르치고 있다. 운영 첫해에는 등록이 무료였지만 이후 전통적인 결제 모델로 전환했다.

2.4 ESG창업을 통한 지역활성화

2021년 말 기준으로 우리나라 산업 구조를 보면 국내 기업의 거의 대부분은 중소기업이다. 전체 404천여 개 기업 중 중소기업이 97.8%를 차지하고, 중견기업은 1.4%, 대기업은 0.8%에 그친다. 이와 함께 2022년 우리나라의 명목 국민총소득(GNI) 대비 수출입 비율은 100.5%로, 미국(31.4%), 일본(37.5%), 프랑스(66.1%)에 비해 대외 의존도가 매우 높다. 쉽게 말해 우리는 "수출로 먹고사는 나라"에 가깝고, 세계 시장의 규칙이 바뀌면 우리 기업들의 생존 방식도 그에 맞춰 바뀌어야 한다.

이 지점에서 ESG는 선택이 아니라 생존 전략이 된다. 해외 바이어와 투자자들이 요구하는 기준이 빠르게 높아지고, 법과 제도도 '권고'에서 '의무'로 이동하고 있다. 그러니 대기업만이 아니라 대기업과 거래하는 중견·중소기업까지 ESG를 경영의 기본값으로 삼아야 한다. ESG를 도입하면 단순히 "착한 기업"이 되는 게 아니라, 규제 리스크를 줄이고, 신시장과 신제품 같은 새로운 기회를 잡을 가능성이 커진다. 특히 우리처럼 수출 비중이 큰 나라에서는 ESG를 잘하는 것이 곧 수출 경쟁력이다.

그렇다면 어디서부터 시작할까. 최근 정부가 '지방시대'와 지역소멸 대응을 핵심 어젠다로 내세우면서, 지역 기반의 ESG 창업 생태계를 키우는 전략이 주목받고 있다. 지역에서 ESG 창업이 중요한 이유는 먼저, MZ세대의 가치관과 맞닿아 있다는 것이다. 요즘 소비자들은 "이 제품 뒤에서 어떤 일이 벌어졌는가"를 묻는다. 환경을 지키고, 사회적 책임을 다하는 기업에 지갑을 연다. ESG 창업은 이런 가치 소비에 정확히 응답한다. 다음으로, ESG 창업은 지역의 삶의 질을 높이는 목표를 직접적으로 다룬다. 지역의 자원, 문화, 문제를 발판 삼아 일자리를 만들고, 지역 경제를 다시 돌게 만든다. 또 디지털 전환, 인공지능, 사물인터넷 등 4차 산업혁명 기술 덕분에 꼭 대도시가 아니어도 창업이 가능해졌다. 이건 청년 인재가 지역에 정착할 이유를 만들어 주고, 지역 인구소멸 문제 완화에도 도움이 된다. 무엇보다 해양쓰레기, 폐기물, 지역 오염, 안전·보건 같은 지역의 현실 과제를 창업으로 풀 수 있다. 그 결과가 곧바로 주민의 생활 개선으로 이어지니, '의미'와 '사업성'을 동시에 잡을 수 있다. 마지막으로, 지방의 중소·중견기업은 인력과 자금이 부족해 갑작스러운 글로벌 ESG 규제에 취약한 경우가 많다. 이때 외부 ESG 스타트업과 손잡는 오픈이노베이션을 통해 기술·데이터·솔루션을 빠르게 들여오면 규제 대응력이 단숨에 높아진다.

지역 ESG창업을 본격화하려면 '앵커기관'이 필요하다. 지역 대학이 그 역할을 맡기 좋다. 대학은 네 가지를 동시에 할 수 있는 조직이다. 첫째, 지자체·산업체·민간 연구기관과 함께 지역 ESG 협의체를 꾸려 의제를 발굴하고 정책과 사업을 연결할 수 있다. 둘째, 교수·연구진을 중심으로 글로벌 ESG 트렌드를 읽고, 시민·공무원·기업 실무자를 위한 교육을 설계해 전문 인력을 길러낼 수 있다. 셋째, 지역의 강점과 문제를 기반으로 창업 아이템을 발굴하고, 학생·청년을 위한 실습형 커리큘럼과 보육 프로그램을 제공할 수 있다. 넷째, 지역 대·중견·중소기업의 ESG 과제를 도전과제로 바꾸어 스타트업과 매칭하는 오픈이노베이션을 설계·운영할 수 있다. 그리고 무엇보다 중요한 한 가지 ESG는 결국 '데이터 싸움'이다. 온실가스 배출, 에너지·물 사용, 안전·노동, 공급망 이슈 등 각종 데이터를 표준 방식으로 수집·검증·공개해야 한다. 대학과 부속 연구소는 이 데이터 허브, 즉 지역의 ESG 데이터 인프라 역할을 맡아 기업과 지자체가 의사결정을 하도록 돕는 게 좋다.

요약하면, 우리 경제는 중소기업 중심이고 대외 의존도가 매우 높다. 그래서 세계가 요구하는 ESG 기준을 잘 따라가는 것이 국가 경쟁력 그 자체다. 지역에서 ESG 창업 생태계를 키우면 지역 활성화, 청년 일자리, 삶의 질 개선을 동시에 달성할 수 있다. 특히 전문대학 같은 지역 기반 고등교육기관이 협의체 구성, 인력 양성, 아이템 발굴, 오픈이노베이션, 데이터 인프라 구축을 주도하면 변화를 훨씬 빠르게 만들 수 있다. 학생 입장에서도 ESG는 먼 이야기가 아니다. 내가 살고 있는 지역의 문제를 발견하고, 기술과 사업 모델로 풀어내고, 데이터를 통해 신뢰를 쌓는 과정 전체가 곧 ESG 창업이기 때문이다. 이제 필요한 것은 '작게 시작해 꾸준히 키우는' 실행이다. 지역 대학이 중심을 잡고, 지자체와 기업, 시민이 함께하면 ESG는 교재 속 개념이 아니라 우리 지역의 새로운 산업과 일자리로 현실이 된다.

읽을 거리

파타고니아(Patagonia)를 통해서 본 ESG 실천

세계 최고의 지속가능 경영을 펼치고 있는 파타고니아(Patagonia)는 등반 장비를 제작하는 소규모기업으로 출발했지만 지금은 고품질의 아웃도어 의류와 장비를 제공하는 세계적으로 사랑받는 글로벌기업이 되었다.

'지구를 위한 비즈니스(Business for the Planet)'라는 철학 아래 환경보호와 혁신적인 제품 개발, 사회적 책임 실천을 경영의 핵심가치로 삼고 있는 파타고니아는 지속가능성, 윤리적 경영 등 다방면에서 두각을 나타내고 있다.

이와 관련하여 필자는 우리나라에서도 ESG 실천활동이 활발하게 전개되기를 바라면서 파타고니아를 통해서 본 ESG 실천사례를 살펴보고자 한다.

첫째, 많은 기업이 사업목표를 수익과 성장에 두고 있지만 파타고니아는 '환경을 구하기 위한 도구'라는 것을 강조하며, 재활용 소재 사용, 공정무역 인증제품 출시, 수익 중 일부를 환경단체에 기부하는 등 다양한 방법으로 지속가능성을 실천하고 있다.

더욱 놀라운 점은 설립자 이본 쉬나드(Yvon Chouinard)는 2022년에는 '지구는 우리의 유일한 주주'라고 강조하면서 자신을 포함한 가족이 가지고 있던 모든 지분을 신탁회사에 기탁하고 환경보호를 위해서만 사용하겠다고 선언한 바 있다.

둘째, 파타고니아는 소비자들이 단순히 제품을 구매하는 것이 아니라 환경보호 운동에 동참한다는 자부심을 심어 주고 있다. 특히, 제품 개발부터 폐기까지 전 과정에서 환경과 사회에 미치는 영향을 분석해 부정적 영향을 최소화하는 시스템인 환경 손익계산서(EP&L)'을 도입하고 있다.

이는 기존의 환경 전과정 평가(LCA)와는 달리 환경지표(물 사용량, 탄소발자국, 폐기물 등)와 사회지표(생산, 노동자 임금 등)를 평가하는 시스템으로, 파타고니아의 모든 제품은 EP&L에서 요구하는 기준점수를 충족해야만 출시되고, 기존 제품도 재출시할 경우에는 새로운 원재료나 기술을 활용해 추가 개선을 거치고 있다는 점이다.

셋째, 혁신적인 제품 개발에 있다. 창업자 이본 쉬나드는 자신이 직접 아웃도어 활동을 하면서 경험한 불편함을 해결하기 위해 최선을 다했다. 그 결과, 기능성과 내구성이 뛰어난 제품을 개발하였고, 이는 곧 소비자들의 만족도를 높였을 뿐 아니라, 재활용 소재를 사용한 제품 생산과 친환경적인 제조과정을 통해 환경에 미치는 영향을 최소화하고 고성능의 제품을 만드는데 집중하고 있다.

넷째, 진정성 있는 마케팅 전략도 차별화된다. 'Don't Buy This Jacket' 광고캠페인은 소비사에게 불필요한 소비를 최대한 줄이고, 지속가능한 소비를 장려하는 메시지를 전달하고 있다. 이 캠페인은 소비자들에게 불필요한 제품은 구매하지 말 것을 촉구하면서, 자원 낭비를 줄이기 위한 파타고니아의 철학을 잘 보여주고 있다.

다섯째, 파타고니아는 사회적 책임을 매우 중시하고 있다. 직원들에게 쾌적한 근무환경을 제공하고, 지역사회와의 상생을 강조하며, 사회문제에 대한 다양한 캠페인을 통해 사회적 변화를 촉구하고 있다. 이러한 활동은 소비자들에게 긍정적인 이미지를 심어주고, 브랜드 가치를 더욱 높이는 계기가 되었다.

이와 같이 파타고니아의 성공은 단순히 좋은 제품만을 만드는 것이 아니라 환경보호와 지속가능한 경영을 최우선에 두고, 진정성 있는 브랜드를 구축한다는 점이다.

파타고니아의 현 대표인 제나 존슨(Jenna Johnson)는 파타고니아를 한마디로 정의하면, '자연과 가까이 있고자 하는 사람들이 아웃도어 스포츠를 즐기며, 동시에 야생을 보호하는 실천을 이어가는 커뮤니티이다.'라는 자부심을 갖고 있는 것처럼, 우리나라에서도 모두가 아껴주고 믿어주는 기업이 많이 나올 수 있기를 소망해 본다.

출처: 공동저자(한광식)가 기고한 내용임을 밝힘

부 록

1. ESG 용어 정리
2. 이재명 정부의 ESG 정책

1. ESG 용어 정리

■ 가치사슬(Value Chain)

기업이 제품이나 서비스를 기획·개발하여 고객에게 전달하기까지 거치는 모든 활동과 과정을 체계적으로 나타낸 개념이다. 가치사슬에는 제품 디자인, 원재료 조달, 생산·제조, 마케팅·판매, 고객 서비스 등 내부 활동뿐 아니라 외부 협력사와의 연계 활동도 포함된다.

■ 국제통합보고위원회(IIRC)

영국에 본부를 둔 회계사 등 전문가 단체로, 자연자본·인적자본 등 다양한 형태의 자본 개념을 확장하여 재무 정보와 비재무 정보를 통합적으로 보고하는 통합보고(Integrated Reporting)를 주창한 기구이다. 국제통합보고위원회는 기업이 재무 성과뿐만 아니라 환경·사회·지배구조(ESG) 측면에서 창출하는 장기적 가치(Value Creation)를 이해관계자에게 효과적으로 전달하도록 지원한다.

■ 국제표준화기구(ISO)의 기업의 사회적 책임(CSR), 표준(ISO 26000)

ISO 26000은 기업과 조직이 사회적 책임(Social Responsibility, SR)을 이행하기 위한 방향과 방법을 제시하는 국제표준 가이드라인으로 법적 의무를 부과하거나 인증을 목적으로 하는 규격이 아니라, 자발적 실천을 위한 지침의 성격을 가지며, 조직 지배구조, 인권, 노동관행, 환경, 공정 운영 관행, 소비자 이슈, 지역사회 참여와 개발 7대 핵심 주제를 다루고 있다.

■ 국제회계기준재단(IFRS Foundation)

국제회계기준재단은 국제재무보고기준(IFRS Standards)을 제정하고 보급하는 비영리 조직으로, 전 세계 기업의 재무보고의 투명성·비교가능성·일관성을 높이는 것을 목표로 한다.

이 재단은 투자자·규제기관·이해관계자들이 신뢰할 수 있는 재무·비재무 정보를 제공하는 글로벌 기준을 수립함으로써, 국제 금융시장과 지속가능한 경제 발전에 기여하고 있다.

■ 과학 기반 목표(Science-Based Target, SBT)

최신 기후 과학을 기반으로 파리협정의 목표로 지구 평균기온 상승을 산업화 이전 대비 2°C 이하로 제한하고, 1.5°C 이내로 억제하기 위한 노력에 부합하도록 설정된 온실가스 감축 목표를 말한다. 이 목표는 기업이 온실가스 배출을 줄이기 위한 구체적이고 검증 가능한 경로를 제시한다.

■ 기후변화(Climate Change)

인간의 직접적 또는 간접적인 활동으로 인해 지구 대기의 구성이 변하고, 그 결과 지구의 기온, 강수량, 바람 패턴 등 기후 체계 전반이 장기적으로 변화하는 현상이다.

■ 기후 변화 관련 재무정보 공개 협의체(TCFD)

기후 변화로 인한 재무적 영향을 기업과 투자자가 명확히 이해할 수 있도록 관련 정보 공개를 확대하기 위해 2015년 금융안정위원회(Financial Stability Board, FSB)에서 설립한 태스크포스이다. TCFD는 2017년 금융기관의 기후 리스크 대응 전략 수립과 기업의 기후 변화 관련 정보 공개를 촉구하는 권고안을 발표했으며, 이는 기업이 기후 변화로 인한 물리적·전환 리스크 및 기회 요인을 재무 보고에 반영하도록 유도하는 글로벌 표준으로 활용되고 있다.

■ 기후변화에 관한 정부 간 협의체(IPCC)

기후변화와 관련된 전 세계적 위험을 평가하고 국제적 대응 방안을 마련하기 위해 1988년 세계기상기구(WMO)와 유엔환경계획(UNEP)이 공동 설립한 유엔 산하의 정부 간 협의체로 기후변화에 대한 과학적 근거와 정책적 대응 방향을 제공하기 위해 활동한다.

다음과 같이 세 개의 실무그룹으로 구성된다.

제1실무그룹 : 기후변화 과학적 근거 평가
제2실무그룹 : 기후변화의 영향·적응·취약성 분석
제3실무그룹 : 기후변화 완화 전략 검토

■ 그린워싱(Greenwashing)

기업이나 조직이 제품·서비스의 환경 친화성을 실제보다 과장하거나 왜곡하여 홍보하는 행위이다. 이는 '그린'(친환경)과 '워싱'(위장)의 합성어로, 겉으로는 환경 보호에 기여하는 것처럼 보이지만 실제로는 환경적 효과가 미미하거나 오히려 해를 끼칠 수 있다.

■ 글로벌 리포팅 이니셔티브(Global Reporting Initiative, GRI)

1997년 미국의 환경단체 세레스(Ceres)와 유엔환경계획(UNEP)이 공동 설립한 국제 비영리 기구로, 전 세계 기업과 기관이 지속가능경영 보고서를 작성할 때 참고할 수 있는 국제 표준 가이드라인을 제공한다.

■ 금융안정위원회(Financial Stability Board, FSB)

전 세계 주요 국가의 금융 감독 당국, 중앙은행, 국제기구로 구성된 기구로, 글로벌 금융 시스템의 안정성을 유지하고 강화하기 위해 설립되었다. FSB는 기후 변화가 금융 안정에 미치는 영향을 중요한 리스크로 인식하여 관련 연구와 정책 제안을 추진하고 있다.

■ 녹색기후기금(Green Climate Fund, GCF)

유엔 기후변화협약(UNFCCC)에 따라 선진국이 개발도상국의 온실가스 감축과 기후 변화 적응을 지원하기 위해 설립된 국제기구이다.

■ 넷제로(Net Zero)

대기 중으로 배출되는 온실가스의 양과 대기 중에서 제거되는 온실가스의 양이 균형을 이루는 상태를 의미하며, 온실가스가 전혀 배출되지 않는 '제로(Zero)' 상태가 아니라, 배출량과 제거량을 같게 하여 순 배출량(Net Emission)을 '0'으로 만드는 것을 말한다.

■ 다양성, 형평성 및 포용성(Diversity, Equity & Inclusion, DE&I)

다양성, 형평성 및 포용성(DE&I)은 조직이나 사회가 특권이 적거나 소외된 사람·집단도 차별 없이 존중받고 참여할 수 있는 환경을 만들기 위해 기울이는 노력과 접근 방식이다.

다양성(Diversity)은 사람과 집단을 구분 짓는 모든 차이점과 고유한 특성을 포괄하는 개념으로 인종, 민족, 성별뿐만 아니라 나이, 출신 국가, 종교, 장애 여부, 성적 지향, 사회·경제적 배경, 교육 수준, 결혼 여부, 사용하는 언어, 외모 등 폭넓은 범위의 차이가 포함된다.

형평성(Equity)은 모든 사람에게 공정한 대우, 동등한 기회, 그리고 승진·참여의 기회를 보장하는 것으로 이를 위해 기존에 일부 집단의 참여를 제한하거나 배제했던 제도적·구조적 장벽을 식별하고 제거하는 노력이 필요하며 형평성은 단순히 '동일하게 대우'하는 것을 넘어, 결과의 불균형을 초래하는 근본 원인을 이해하고 이를 개선하는 과정까지 포함한다.

포용성(Inclusion)은 모든 개인과 집단이 환영받고, 존중받으며, 자신의 의견과 역량을 온전히 발휘할 수 있다고 느끼는 환경을 조성하는 행위로 포용적인 환경은 서로의 차이를 인정하고, 말과 행동에서 존중을 실천하며, 구성원 모두가 조직의 일원으로서 가치와 소속감을 느끼도록 한다.

■ 어카운트어빌리티(AccountAbility)

1995년 영국에서 설립된 비영리 기관으로, 기업의 환경적·사회적 책임 경영을 평가하고 검증하는 국제 표준인 AA1000 시리즈를 개발했다. 이 표준은 이해관계자 참여, 보고서 검증 절차, 영향 평가 등의 원칙을 제시하며, 기업의 지속가능경영 보고서 신뢰성과 투명성을 높이는 데 목적이 있으며, 2021년 개정판에는 '임팩트(Impact)' 원칙이 추가되어, 기업 활동이 사회와 환경에 미치는 실제 영향까지 평가하도록 강화되었다.

■ MSCI(Morgan Stanley Capital International)

전 세계 기업을 대상으로 환경, 사회, 지배구조 성과를 평가하는 글로벌 투자 리서치 기관으로 ESG 평가는 기후변화 대응, 인권, 노동 조건, 기업 지배구조 투명성 등 10개 주제와 35개 세부 이슈를 기반으로 AAA부터 CCC까지 7단계 등급을 부여한다.

MSCI의 ESG 등급은 투자자들이 기업의 지속가능성과 비재무적 리스크를 파악해 투자 의사결정을 내리는 중요한 지표로 활용된다.

■ 생물다양성(Biodiversity)

생물의 다양성을 나타내는 개념으로, 유전자 수준, 종(species) 수준, 그리고 생태계 수준에서의 변화를 측정하는 척도로 1985년에 처음 만들어졌으며, 원래 '생물학적 다양성(Biological Diversity)'이라는 표현을 줄인 말이다.

■ 순환경제(Circular Economy)

자원 사용, 폐기물 발생, 온실가스 배출을 최소화하여 자원을 지속 가능하게 활용하는 경제 모델로 재생 가능한 자원으로의 전환, 제품과 재료의 회수·재사용·재활용, 자연과 생태계 회복을 핵심으로 한다. 또한, 단순히 자원 절약에 그치지 않고 금융·인적·사회·생태 자본 등 다양한 형태의 자본을 재건하여 경제 전반의 지속 가능성을 높이는 것을 목표로 한다. 순환경제는 자원을 채취하고 제품을 생산·소비한 뒤 폐기하는 선형경제(Linear Economy)와 달리, 제품의 수명 주기 전 과정에서 순환 구조를 만들어 본질적으로 재생 가능한 경제 구조를 지향한다.

■ 스코프(Scope)

온실가스 배출량을 분류하는 국제 표준 체계로, 온실가스 프로토콜(GHG Protocol)에 따라 세 가지 범주로 구분된다.

스코프(Scope 1, 직접 배출)은 기업이 보유하거나 통제하는 시설·설비에서 연료 연소, 공정 가스 등 제품 생산 과정에서 직접 발생하는 온실가스 배출로 보일러 연소, 제조 공정에서 발생하는 배출가스가 있다.

스코프 2(Scope 2, 간접 배출)은 외부에서 구매한 전기, 열, 스팀 등을 사용하는 과정에서 발생하는 간접 온실가스 배출로 공장에서 사용하는 전기를 생산하는 발전소의 배출이 있다.

스코프 3(Scope 3, 기타 간접 배출)은 기업이 직접 소유하거나 통제하지 않는 활동에서 발생하는 온실가스 배출로, 가치사슬 전반에서 발생하며 물류 운송, 직원 출장, 판매 제품 사용·폐기, 원재료 생산 과정의 배출이 있다.

■ 시디피(Carbon Disclosure Project, CDP)

전 세계 주요 기업과 도시, 지역, 기관의 이산화탄소(CO_2)와 온실가스 배출량, 기후변화 영향, 그리고 이에 대한 대응 활동을 측정·관리·공개하도록 지원하는 국제 비영리 단체로 원래 명칭은 탄소공개프로젝트(Carbon Disclosure Project)였으나, 활동 범위가 기후변화(Climate Change)뿐 아니라 물(Water), 산림(Forests) 등 환경 전반으로 확장되면서 현재는 'CDP'라는 단일 명칭을 사용한다.

■ 시에프 100(Carbon Free 100, CF 100)

CF 100은 '탄소 배출 제로(Carbon Free) 100%'를 의미하며, 하루 24시간·일주일 7일 내내 사용하는 전력의 100%를 무탄소 에너지로 공급하는 것을 목표로 하는 글로벌 이니셔티브이다.

■ 온실가스(Greenhouse Gases, GHGs)

대기 중에 존재하며 지구에서 방출되는 열을 흡수·축적해 기온을 높이고, 기후변화와 지구온난화를 유발하는 기체이다. 대표적인 온실가스에는 이산화탄소(CO_2), 메탄(CH_4), 아산화질소(N_2O), 수소불화탄소(HFCs), 과불화탄소(PFCs), 육불화황(SF_6), 삼불화질소(NF_3)가 있다.

■ 유엔기후변화협약(UNFCCC)

지구온난화로 인한 기후 변화를 예방하기 위해 1992년 리우데자네이루 환경회의에서 채택된 국제 협약으로 국가별 상황에 따라 차등화된 온실가스 감축 의무를 부과하고, 선진국에는 개도국에 대한 기술 이전 의무를 명시하였다. 또한 기후변화 대응을 논의하기 위해 매년 당사국총회(COP)를 개최하고 있으며, 대한민국은 1993년 12월에 이를 비준하였다.

■ 유엔환경계획(UNEP)

환경 분야에서 국제 협력을 증진하고 환경 관련 정책을 권고하기 위해 1972년 6월 UN 인간환경회의의 권고와 같은 해 12월 제27차 UN 총회 결의에 따라 설립된 유엔 산하 기구이다. UNEP는 전 세계 환경 문제에 대한 정책 방향 설정과 조정 역할을 수행하며, 세계 환경 상태의 지속적인 검토·평가, 환경 관련 정보의 수집·분석·교환 촉진, 그리고 환경 보전을 위한 국제 협력 확대를 핵심 임무로 하고 있다.

■ 유엔환경계획 금융 이니셔티브(UNEP)

지속가능발전을 위한 금융 부문의 역할을 강화하기 위해 1991년 유엔환경계획(UNEP)과 세계 주요 금융기관이 공동으로 결성한 국제 파트너십이다. UNEP FI는 전 세계 금융기관들이 환경·사회·지배구조(ESG) 요소를 금융 의사결정에 통합하도록 지원하며, 책임 있는 금융 관행을 촉진하는 것을 목표로 하고 있다.

■ 인권(Human Rights)

모든 사람이 태어날 때부터 가지는 보편적이고 양도할 수 없는 권리로, 인종·성별·언어·종교·사회적 지위 등에 관계없이 누구나 존중받고 보호받아야 하는 기본적 권리이며, 기업은 유엔 기업과 인권 이행 지침(UNGPs)에 따라 인권을 존중하고, 인권 실사를 수행하며, 인권 침해 발생 시 구제 조치를 제공할 책임이 있다. 인권 실사는 기업 활동이 언제·어디서·어떻게 인권에 영향을 미칠 수 있는지를 파악하고, 위험을 줄이기 위한 조치를 실행하며, 그 결과와 진행 상황을 투명하게 공개하는 과정을 포함한다.

■ 자연 관련 재무정보 공개 태스크포스(TNFD)

글로벌 재무 흐름을 자연에 부정적인 결과에서 긍정적인 결과로 전환하기 위한 글로벌 이니셔티브이다. 유엔개발계획(UNDP)과 세계자연기금(WWF) 등이 주도해 2021년 6월 출범했다.

■ 자연자본(Natural Capital)

기업이나 사회가 보유하고 활용하는 모든 천연 자원의 총합을 의미하며, 물·광물(금, 은 등)·천연가스·석유·산림·토양·생태계 서비스 등을 포함한다. 이는 기업 경영 활동과 경제 발전의 기초가 되는 자원으로, 고갈되거나 훼손될 경우 장기적인 지속가능성에 직접적인 영향을 미치기 때문에 자연자본은 자연자본 회계(Natural Capital Accounting)를 통해 재무제표와 경영 의사결정 과정에서 체계적으로 관리·평가되어야 한다.

■ 재생 가능 에너지(Renewable Energy)

풍력, 수력, 태양광·태양열, 지열, 바이오연료 등과 같이 자연에서 끊임없이 재생되는 에너지원으로부터 생산되는 에너지이다. 재생 가능 에너지원은 고갈되지 않으며, 사용 과정에서 이산화탄소(CO_2)와 같은 온실가스 배출이 거의 없거나 매우 적어 기후변화 완화와 환경 보호에 중요한 역할을 한다.

■ 지속가능성(Sustainability)

현재 세대가 필요한 자원과 서비스를 사용하면서도, 미래 세대가 동일한 자원과 환경을 이용할 수 있도록 보전하고 보호하는 개념으로 이는 환경 보전뿐 아니라 사회적·경제적 영역까지 포함하여, 기후 변화 대응, 사회의 건강한 성장, 경제의 장기적 안정성을 함께 추구한다.

■ 지속가능성 회계기준위원회(SASB)

미국의 회계 전문가들로 구성된 민간 조직으로, 재무적 성과와 직접 연계된 ESG 요소를 중심으로 미국 증권거래위원회(SEC)에 보고할 산업별 지속가능성 회계 기준을 제시하는 기구이다. SASB는 2018년 77개 산업별 중대성(Materiality)에 관한 지속가능성 보고 표준을 발표하여, 각 산업이 재무적으로 중요한 ESG 정보를 체계적으로 공개할 수 있도록 가이드라인을 제공했다.

■ 책임투자원칙(PRI)

2006년 유엔(UN) 사무총장 코피 아난(Kofi Annan)의 주도로 제정된, 전 세계 투자자들이 환경(Environment), 사회(Social), 지배구조(Governance, ESG) 요소를 투자 의사결정과 소유 활동에 통합하도록 장려하는 국제적 이니셔티브이다.

■ 탄소국경조정제도(CBAM)

탄소배출 규제가 엄격한 국가·지역에서 규제가 상대적으로 약한 국가·지역으로 탄소 배출이 이전되는 '탄소 유출(Carbon leakage)' 현상을 방지하기 위한 무역 규제 제도이다.

2. 이재명 정부의 ESG 정책

최종 확정된 국정과제 체계는 "국민이 주인인 나라, 함께 행복한 대한민국"이라는 국가비전 아래, ▲국민이 하나되는 정치 ▲세계를 이끄는 혁신경제 ▲모두가 잘사는 균형성장 ▲기본이 튼튼한 사회 ▲국익 중심의 외교안보 등 5대 국정목표, 23대 추진전략, 123대 과제로 구성

국무조정실 국무총리비서실(2025. 9. 16.)

5대 국정목표별 국정과제 주요내용

1 (국정목표 1) 국민이 하나되는 정치

○ **국민주권 실현과 대통령 책임 강화**를 위한 **개헌** 추진

○ **권력기관 개혁**(수사·기소 분리, 계엄통제와 방첩사 폐지, 경찰국 폐지)으로 **민주주의 확립**

○ **국민참여·숙의공론** 시스템 구축, **과거사 치유**와 **보훈가치 공유**로 **국민통합** 기반 조성

○ **적극행정 면책과 총액배분 예산**, 능력 중심 인사시스템, 공공기관 책임성 강화, 규제합리화로 **국민에게 충직**하고 **문제를 해결하는 정부** 구현

2 (국정목표 2) 세계를 이끄는 혁신경제

○ **독자 AI 생태계** 및 **AI고속도로 구축**으로 AI **3대 강국** 도약

○ **정부 총지출** 대비 5% **수준**으로 R&D **예산 확대** 노력, 연구전념 환경조성 등을 통해 **과학기술 5대 강국** 실현

○ AI·바이오헬스 등 **미래 전략산업**을 **신성장동력**으로 **육성**하고, 반도체·이차전지 등 **주력산업**을 **혁신**하여 **잠재성장률 반등** 견인

○ **국민성장펀드** 100**조원**+α 조성과 **디지털자산 산업** 제도화로 **금융 혁신**

[3] (국정목표 3) 모두가 잘사는 균형성장

○ 5극3특 중심의 혁신·일자리 거점 조성, 지방재정 확충, 행정수도 세종 완성과 2차 공공기관 이전 착수로 자치분권 균형성장 추진

○ 서민·소상공인 채무조정, 공적주택 공급, 한국형 증거개시 도입 등 민생·공정경제 강화

○ 공익직불 확대, 농어촌 기본소득 도입으로 농산어촌 지원

[4] (국정목표 4) 기본이 튼튼한 사회

○ OECD 수준 산재 감축, 산재 국가책임 실현, 기초생활보장제도 개선, 통합돌봄체계 구축, 청년미래적금 도입 등 빈틈없는 안전·복지

○ 아동수당 확대, 법적정년 단계적 연장 입법, 연금 사각지대 해소로 인구위기 극복

○ 노동관계법 확대와 임금체불 근절, 실노동시간 단축으로 존중받는 일터 구현

○ 여성가족부를 성평등가족부로 개편, K-컬처 수출 50조원 및 K-관광 3천만 달성 추진

[5] (국정목표 5) 국익 중심의 외교안보

○ 한국형 3축체계 강화, 임기내 전시작전통제권 전환 목표 추진 등 신뢰받는 강군 육성

○ K-방위산업 역량 강화를 통한 방산 4대강국 도약

○ 남북관계 화해·협력 전환, 남북기본협정 체결로 한반도 리스크를 프리미엄으로 전환

○ 다자 경제협의체 주도('25 APEC, '28(잠정) G20 의장국), 국제사회 공헌 확대로 G7+ 외교강국 실현

이재명 정부의 ESG 정책

이재명 정부의 123개 국정과제 중에서 20개 과제(약 16.3%)가 ESG 관점에서 연계된 과제임

[국정목표 2] 세계를 이끄는 혁신경제

전략 1. AI 3대 강국 도약

25	**국민이 안심할 수 있는 개인정보 보호체계 확립 (개인정보보호위원회)**

□ 과제목표

○ 개인정보 보호 책임성 강화 및 국민의 개인정보 권리 보장 확대

○ 안전한 개인정보 활용 체계를 마련하여 AI 혁신을 지원

전략 4. 기후위기 대응과 지속가능한 에너지 전환

38	**경제성장 대동맥, 에너지 고속도로의 구축 (산업통상부)**

□ 과제목표

○ 전국 주요 산업거점과 재생에너지를 잇는 한반도 첨단 전력망 신속 확충

○ 재생에너지 등과 연계한 기후테크 산업 성장동력화

○ AI기반 첨단 에너지시스템 구현 및 전력망 거버넌스·제도 혁신

39	**재생에너지 중심 에너지 대전환 (산업통상부)**

□ 과제목표

○ 재생에너지 확대 및 제도 개선을 통해 재생에너지산업 경쟁력 강화

○ 햇빛·바람연금 확대, RE100산단 구축 등 지역 균형성장 기반 마련

40	지속가능 미래를 위한 탄소중립 실현 (기후에너지환경부 · 국무조정실)

□ 과제목표

○ 2030년 온실가스 감축목표 책임 달성('18년 대비 40% 감축)을 위한 이행기반 조성

○ 2035년 감축목표 수립 및 2050년까지 장기 감축 로드맵 마련

○ 온실가스 다배출 산업의 탈탄소 전환 지원, 탄소중립산업 및 기후 신산업 육성

41	탄소중립을 위한 경제구조 개혁 (산업통상부 · 국토교통부)

□ 과제목표

○ 탄소중립과 경제성장을 함께 이끄는 탄소중립 선도국 도약

○ 건축물 에너지 효율 제고 및 순환경제 활성화 등으로 탄소중립 촉진

42	순환경제 생태계 조성 (기후에너지환경부)

□ 과제목표

○ 플라스틱 감량부터 생산·회수·재활용까지 전주기 탈플라스틱 로드맵 수립

○ 재생원료 사용 의무를 국제수준으로 강화, CE(순환경제)100 확산

43	국가 기후적응 역량 강화 (기후에너지환경부)

□ 과제목표

○ 기후 감시·예측부터 기후위험 영향 평가까지 적응 정책의 과학

적 기반 강화

○ 기후위험에 대비한 국가 인프라 대전환 및 경제·사회 전반의 적응력 강화

45	4대강 자연성 및 한반도 생물다양성 회복 (기후에너지환경부)

□ 과제목표

○ 4대강 보 개방 확대, 수생태계 연속성 확보로 물이 흐르는 하천 환경 조성

○ 2030년까지 보호지역 30% 달성, 국제 수준의 생태계·생물다양성 보전정책 추진

전략 5. 성장을 북돋는 금융혁신

46	진짜 성장을 뒷받침하는 생산적 금융(국민성장펀드 100조원+α 조성) (금융위원회)

□ 과제목표

○ 전폭적인 투자로 첨단전략산업의 글로벌 경쟁력 확보

○ 혁신벤처기업에 대한 투자·회수가 선순환하는 벤처금융생태계 조성

○ 기후금융 공급 확대 및 ESG 공시 관련 인프라 제고

47	코리아 프리미엄을 향한 자본시장 혁신 (금융위원회)

□ 과제목표

○ 자본시장 혁신을 통한 코리아 프리미엄 실현

[국정목표 3] 모두가 잘사는 균형성장

전략 3. 협력과 상생의 공정경제

64	공정한 시장질서 확립 (공정거래위원회)

□ 과제목표

○ 플랫폼의 불공정행위 및 대기업집단 부당 내부거래 근절

○ 소상공인·자영업자 등 경제적 약자의 안정적인 경영기반 마련

65	소비자 주권 실현 및 불공정행위 근절 (공정거래위원회)

□ 과제목표

○ 일상생활 밀접분야에서의 소비자 권익 침해 예방

○ 불공정·위법행위 신속 차단 및 실효적 피해구제 확대

66	금융투자자 및 소비자 권익보호 강화 (금융위원회)

□ 과제목표

○ 투자자·소비자들이 믿고 이용할 수 있는 금융환경 조성

67	기술탈취는 근절하고, 상생의 기업환경 조성 (중소벤처기업부)

□ 과제목표

○ 기술탈취 등 불공정행위에 대한 신속한 피해구제 및 분쟁 해소를 통한 공정한 시장질서 확립, 대·중소기업간 임금복지 격차 해소

[국정목표 4] 기본이 튼튼한 사회

전략 1. 생명과 안전이 우선인 사회

75	일하는 모든 사람이 건강하고 안전한 나라 (고용노동부)

□ 과제목표

○ '30년까지 사고사망 비율 1만 명당 0.29명(OECD 평균)으로 감축

○ 일하는 모든 사람을 위한 안전보건체계 구축과 산재보상 국가책임 실현

전략 5. 누구나 존중받는 일터

93	차별과 배제 없는 일터 (고용노동부)

□ 과제목표

○ 일터 기본권 보장, 임금체불 50%(1조 미만) 감축, 공정임금으로 격차 해소

94	노동존중 실현과 노동기본권 보장 (고용노동부)

□ 과제목표

○ 노동이 존중받는 일터 문화 정착, 취약노동자 권리구제 강화

○ 초기업 수준 노·사 교섭 확산과 사회적 대화 활성화

95	일, 가정, 삶이 공존하는 행복한 일터 (고용노동부)

□ 과제목표

○ 연간 실노동시간 OECD 평균 수준으로 단축

○ 일·생활 균형을 위한 법·제도 개선과 갑질 없는 행복 일터 조성

전략 6. 내 삶에 기회를 여는 성평등

97	**기회와 권리가 보장되는 성평등 사회 (성평등가족부)**

□ 과제목표

○ 성평등정책 컨트롤타워 기능을 강화해 성평등 체감도를 높이고 성평등 정책의 실효성 강화

○ 여성의 경제활동 지원을 강화하여 성별임금격차를 해소하고 여성경제 활동 참가율 제고

전문대학평생직업교육협회 ESG마인드 자격검정 안내

1. 자격 소개

〈ESG마인드〉 자격검정은 지속가능한 미래*를 위한 중요한 발판으로서, 산업체에서 요구하는 ESG 기본원칙과 핵심역량을 발전시키고 이를 지역사회 내 일상과 직장생활에서 실천하는 실천가를 양성하기 위함이다.

*지속가능한 미래는 우리가 지금 생활하고 있는 방식이 앞으로도 계속 가능하도록, 환경을 보호하고, 사회를 더 좋게 만들며, 경제적으로도 안정된 상태를 유지하는 것이다.

2. 자격증의 필요성

■ 미래 직업 세계에서의 경쟁력 확보

- ESG는 환경(Environmental), 사회(Social), 지배구조(Governance)의 약자로 많은 기업들이 지속 가능성을 중시하면서, ESG 원칙을 잘 이해하고 실천할 수 있는 인재를 찾고 있음
- 〈ESG마인드〉 자격증을 취득하면, 이러한 기업에서 필요로 하는 중요한 역량을 갖추게 되어, 취업 시 큰 경쟁력을 확보할 수 있음

■ 실질적인 사회 기여

- 지역사회와 직장에서 긍정적인 변화를 이끌어내는 실천가가 되어 작은 실천이 모여 큰 변화를 만드는 데 기여할 수 있음

■ 지속가능한 미래를 위한 준비

- ESG 원칙은 앞으로의 생활과 직장생활에서 지속가능한 방식을 추구하는 데 큰 도움이 되고 관심 있는 분야에서 지속가능한 미래를 위한 일에 참여할 수 있는 기회를 제공하여 다음 세대에도 긍정적인 영향을 미침

3. 자격 취득 후 확보 역량

■ 환경보호 실천 능력

- 환경보호의 중요성과 기본원칙을 이해하고 이를 실천하는 기초적인 능력을 갖춤
- 재활용을 잘 하고 에너지 절약방법을 이해

■ 사회적 책임 수행력

- 사회적 책임의 중요성을 이해하고 이를 실천하는 기초적인 능력을 확보
- 공정하게 행동하고 지역사회 봉사활동에 참여하는 방법을 배움

■ 윤리적 기업운영 역량
- 투명하고 윤리적인 경영의 중요성을 이해하고 이를 실천하는 기초적인 능력을 배양
- 정직하게 행동하고 규칙을 잘 지키는 방법을 배움

■ ESG 기초 전략 수립 능력
- ESG 전략의 기본개념을 습득하고 이를 기업이나 조직에서 적용하는 방법 이해
- 기본적인 ESG 목표 설정과 이를 달성하기 위한 기초적인 계획 수립

4. 자격 취득 후 진로

■ 기업의 환경 및 사회책임 부서
■ 지역사회 및 비영리단체
■ 공공기관 및 지방자치단체
■ 교육 및 홍보 분야
■ 중소기업의 ESG 관련 업무 지원

5. 자격취득 절차

자격과정 교육 이수 ▶ 자격검정 시험응시 ▶ 합격 ▶ 등록 ▶ 자격취득

6. 응시정보

■ 응시자격 : 제한 없음
■ 시험방법 : 필기시험(객관식 4지선다, OX문제, 단답형)
■ 시험준비물 : 수험표, 신분증, 필기도구
■ 응시료 : 110,000원(기본 강좌 수강 필수)

7. 시험내용

시험과목	문항수	배점	시험시간
ESG 기본 개념	40문항	100점	50분
ESG 기본 용어			
ESG 실행 및 실천			

■ 합격자 결정 : 100점 만점 기준 60점 이상

전문대학평생직업교육협회 ESG 워크숍 안내

지역에서 시작하는 ESG 아이템 창출과정

"ESG Innovators"

1. 프로그램 개요

- 참가자들이 ESG 개념을 이해하고, 지역의 문제와 기회를 창출할 수 있도록 도와주는 1일 6시간 과정입니다.
- 이 과정을 통해 ESG 원칙에 따른 지속가능한 아이템을 발굴하고, 이를 실제 현장에서 적용할 수 있는 역량을 키우기 위함입니다.

2. 프로그램 목표

- 참가자들이 ESG 개념과 중요성을 이해하고 실제 현장에서 적용할 수 있는 능력 배양
- 지역사회의 환경(E), 사회(S), 지배구조(G) 관련 이슈와 기회를 파악하고 이를 해결할 수 있는 방안 마련
- 참가자 간의 협력 및 네트워킹을 촉진하여 지역사회 발전에 기여

3. 프로그램 주요내용

- OT 및 프로그램 소개 (30분)
  - 참가자들과 운영진 소개, 프로그램 목적 공유
  - 성공적인 창업을 위한 요소 및 전략 소개
- ESG 개념 및 사례 소개 (60분)
  - ESG 기본개념 소개
  - ESG 기반의 창업사례 소개
- 지역사회의 ESG 이슈 및 기회 탐색 (60분)
  - 참가자들이 지역사회의 환경(E), 사회(S), 지배구조(G) 관련 이슈를 탐색할 수 있는 스킬 함양
- 휴식시간 (20분)

- 아이템 도출을 위한 브레인스토밍 (60분)
  - 이슈 및 기회 탐색에서 나온 아이디어를 기반으로 아이디어를 발굴하고 토론
- 아이디어 프로토타이핑 도출 (60분)
  - 도출한 아이디어를 구체화하고 초기 프로토타입 작성
- 피드백 및 아이디어 개선 (60분)
  - 참가자들이 다른 참가자들의 아이디어를 피드백하고, 아이디어 개선
- 아이디어 발표 및 평가 (60분)
  - 참가자들이 최종 아이디어를 발표하고 평가기준에 따라 우수 아이템 선정
- 종합 및 마무리 (30분)
  - 수료증, 설문조사 등

4. 참여대상

- 대학생, 기업, 사회적경제 중간지원조직, 창업지원기관 등

5. 프로그램 특이점

- 사회적경제 창업교육, 멘토링 전문가집단 퍼실리테이터가 참여하여 프로젝트 진행
- ESG전문가 참여
- ESG 스타트업을 전문적으로 육성하고자 하는 기관의 맞춤형 프로그램 설계 및 제안

참/고/문/헌

김경식 (2023). 착한 자본의 탄생. 어바웃어북.

박종철 외 2명 (2021). ESG 경영과 법률. 도서출판 정독.

박종철 외 6명 (2022). ESG레볼루션. 캐피털북스.

박종철, 한광식 (2023). ESG창업. 이프레스.

심보균 (2023). ESG 공공기관, 지방자치단체의 역할과 교육. 한국ESG학회 제2회 세계ESG포럼.

창조경제타운 (2013). 아이디어 보호 매뉴얼.

하버드 경영대학원 (2004). 창의와 혁신의 핵심 전략. 청림출판.

한광식 (2017). 창업과 기업가정신. 이프레스.

한광식 (2018). 컨설턴트에 도전한다. 이프레스.

허남식 (2023). 한국ESG학회의 진단과 대처. 한국ESG학회 제2회 세계ESG포럼.

저자 소개

한광식(Han, Kwang Sik)

- 전문대학평생직업교육협회(COLiVE) 사무총장
- 전문대학창업교육네트워크(CEEN) 회장
- 한국ESG학회 부회장 겸 사회공헌위원장
- 세종특별자치시 제2기 지방시대위원회 위원
- 전) 김포대학교 교수 역임

강수진(Kang, Su Jin)

- ㈜에셈시 대표/경영지도사(중소벤처기업부)
- 한국표준협회 전문위원
- EcoVadis 전략적 파트너 에코나인 ESG 전문가 그룹
- EcoVadis Approved Consultant(AC)
- AA1000 국제검증심사원

김소진(Kim, So Jin)

- 삼성생명과학연구소 연구원
- 서울대학교병원 의생명연구원 연구교수
- 대구보건대학교 임상병리학과 조교수
- BRIC '한국을 빛내는 사람들' 선정(2022)
- 보건의료 R&D 우수성과 30선 선정(2023)

서명지(Seo, Myung Ji)

- 씨에스알임팩트(주) 대표
- 한국표준협회 ESG전문위원
- 서울주택도시개발공사 ESG경영위원
- LG소셜캠퍼스 운영위원
- 전남정보문화산업진흥원 AI과제 기획위원

차세대 리더를 위한

ESG 마인드셋과 실천

초판발행 2025년 12월 25일 **1판 1쇄 인쇄** | 2025년 12월 31일 **1판 1쇄 발행**

지은이 한광식 강수진 김소진 서명지
펴낸이 최용구 | **펴낸곳** **도서출판 이프레스**
주소 (04316) 서울시 용산구 원효로 89길 19 (원효로1가)
전화 02) 537-1720(영업부), 537-1721(편집부), 537-1711(팩스)
이메일 epress01@naver.com | **홈페이지** www.epress1.com
등록 2009년 12월 10일 제16-2710호
기획마케팅 최용구 장만동 최충구 송대용 | **책임편집** 석기은 황가연

ISBN 979-11-24101-02-5 93320
정가 15,000원